"十三五"职业教育国家规划教材
高等职业教育新形态一体化教材
高职高专跨境电子商务专业（方向）系列教材

跨境营销与管理

苏芳　主编
史文文　腾旭东　副主编

电子工业出版社
Publishing House of Electronics Industry
北京·BEIJING

内 容 简 介

本书通过实操指导的方式,以最适合新手入门的速卖通为主要的讲解平台,按照一个完整的操作情境介绍了跨境电商营销的知识和操作技巧。

本书共分 8 个任务,紧紧围绕跨境电商中的营销业务,注重实际操作技能的培养,突出在线零售跨境贸易中应当掌握的核心技能。每一个任务分"任务描述""相关知识""任务部署""任务考核""拓展案例""练习与思考"几个栏目,简单易懂,便于初学者边学习边操作。本书将重点放在了跨境电商的营销、数据分析及客户关系管理上。

本书可作为应用型本科院校和高职高专院校市场营销、电子商务等专业的教材,也可作为职业培训或自学者的参考书。

未经许可,不得以任何方式复制或抄袭本书之部分或全部内容。
版权所有,侵权必究。

图书在版编目(CIP)数据

跨境营销与管理 / 苏芳主编 . —北京:电子工业出版社,2021.4
ISBN 978-7-121-37650-4

Ⅰ.①跨… Ⅱ.①苏… Ⅲ.①电子商务—网络营销—高等职业教育—教材 Ⅳ.① F713.365.2

中国版本图书馆 CIP 数据核字(2019)第 234836 号

责任编辑:贺志洪
印　　刷:涿州市般润文化传播有限公司
装　　订:涿州市般润文化传播有限公司
出版发行:电子工业出版社
　　　　　北京市海淀区万寿路 173 信箱　邮编 100036
开　　本:787×1092　1/16　印张:13.75　字数:352 千字
版　　次:2021 年 12 月第 2 版
印　　次:2025 年 7 月第 9 次印刷
定　　价:38.00 元

凡所购买电子工业出版社图书有缺损问题,请向购买书店调换。若书店售缺,请与本社发行部联系,联系及邮购电话:(010)88254888,88258888。

质量投诉请发邮件至 zlts@phei.com.cn,盗版侵权举报请发邮件至 dbqq@phei.com.cn。
本书咨询联系方式:(010)88254609 或 hzh@phei.com.cn。

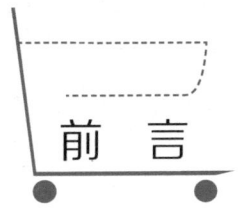

前言

电子商务的发展，带来了传统贸易方式的转变与升级。与此同时，随着国内电子商务竞争的白热化，越来越多的电商企业将目光转到跨境电商这一蓝海领域。跨境电商的发展势不可当。

本教材由浅入深地引导读者详尽了解跨境电商营销的方方面面，为未来的业务发展打好稳固的基础，许多涉及具体平台操作的问题，均以最适合新手入门的速卖通平台为示例平台，讲解跨境电商工作中的共性部分。本教材关注学习者的实操能力和创新思维的培养，所有的任务布置都是开放式的，不设置标准答案。各个模块内容既相互独立，又在工作过程中相互统一。希望通过这种简单实用的编写模式，让学习者基本了解和掌握跨境电商营销人员从业技能，从做中学，真正掌握专业一技之长。本书语言通俗易懂，讲解简明扼要，操作循序渐进。

本书由苏芳担任主编，史文文、腾旭东担任副主编。史文文负责任务 5 和任务 7 的编写，腾旭东负责任务 6 的编写，其余任务由苏芳编写。由于编者的水平有限，再加上跨境电商平台规则和操作发展速度之快是远不同于以往任何行业的；对于教材中存在的一些纰漏和不足之处，敬请使用者和同行批评指正。

编　者
2021 年 3 月

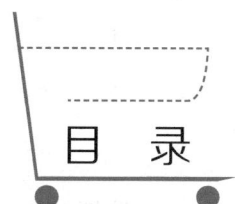

目 录

任务 1　如何选择跨境电商平台 / 001
  1.1　速卖通平台 / 002
  1.2　敦煌网平台 / 010
  1.3　亚马逊平台 / 012
  1.4　兰亭集势 / 015
  1.5　eBay / 017
  1.6　Wish 平台 / 020

任务 2　如何选品 / 027
  2.1　选品的思路 / 028
  2.2　选品的要点 / 032
  2.3　速卖通选品应用 / 033

任务 3　跨境营销——店铺营销 / 049
  3.1　速卖通店铺自主营销工具 / 050
  3.2　关联营销 / 064
  3.3　橱窗推荐 / 065
  3.4　客户关系营销 / 067

3.5　实时营销　/ 069

任务 4　跨境营销——平台活动　/ 075

4.1　主要平台活动　/ 076

4.2　卖家的大促计划　/ 078

4.3　活动报名流程　/ 080

任务 5　跨境营销——付费推广　/ 087

5.1　直通车的特点　/ 088

5.2　直通车规则　/ 089

任务 6　跨境营销——SNS 海外营销策略　/ 105

6.1　海外社交网站介绍　/ 106

6.2　Facebook 营销策划　/ 111

6.3　Twitter 营销推广　/ 137

6.4　Pinterest 营销推广　/ 144

6.5　开展社交媒体营销应规避的误区　/ 159

任务 7　营销数据分析　/ 167

7.1　行业数据分析　/ 168

7.2　关键词分析　/ 171

7.3　店铺数据分析　/ 173

任务 8　客户关系管理　/ 183

8.1　跨境电商客户关系管理的职能　/ 184

8.2　做好客户关系管理的技巧　/ 188

8.3　做好二次销售　/ 191

8.4　询盘沟通技巧　/ 193

8.5　询盘沟通模板　/ 195

8.6　处理客户纠纷　/ 203

参考文献　/ 213

任务1

如何选择跨境电商平台

 任务描述

以小组为单位,每个小组选择一个适当的跨境电商平台为本组注册店铺。

 任务要求

- 了解各跨境电商平台的特点和定位。
- 掌握开店的流程。

任务目标

通过本任务的学习,学生应具备选择恰当的平台进行开店的能力。

故事导读

王明大学毕业之后,想要自己创业。结合自己的实际情况,他打算从事跨境电商行业。但是跨境电商平台有很多,究竟自己适合从哪个平台开始呢?王明犯了难。

相关知识

1.1 速卖通平台

1. 平台概况

全球速卖通（英文名：AliExpress，简称速卖通）于2009年创建，2010年4月免费对外开放注册。它是阿里巴巴旗下唯一面向全球市场打造的在线交易平台，被广大卖家称为"国际版淘宝"。全球速卖通面向海外买家，通过支付宝国际账户进行担保交易，并使用国际快递发货，是全球第三大英文在线购物网站。

全球速卖通（AliExpress）平台上的买家主要以个人消费者为主，小部分为海外的批发商和零售商，所以速卖通的定位是一个外贸零售网站。从2016年开始，速卖通从跨境C2C全面转型跨境B2C。从2016年4月起，速卖通所要求的商家准入标准连上两个台阶：企业身份、品牌，原有的个人商户也全部需要进行企业认证。具体要求，如表1-1所示。

表1-1 速卖通准入基本要求

申请基本要求	具体说明
企业	个体工商户或企业身份均可开店，须通过企业支付宝账号或企业法人支付宝账号在速卖通完成企业身份认证（注：平台目前有基础销售计划和标准销售计划供商家选择，个体工商户商家在入驻初期仅可选择基础销售计划）
品牌	1. 2017年所有类目开始实行商标化，部分类目除外 2. 2017年开始，所有商品必须选择商标 3. 不接受没有取得国家工商行政管理总局商标局颁发的商标注册证或者商标受理证书的品牌开店

2. 速卖通的行业分布和适销产品

（1）全球速卖通覆盖了3C、服装、家居、饰品等共30个一级行业类目。其中优势行业主要有：服装服饰、手机通信、鞋包、美容健康、珠宝手表、消费电子、家居、汽车摩托车配件、灯具等。

（2）在速卖通上进行销售的产品，需要适应航空运输，满足以下几个条件。

- 体积较小，主要是方便以快递方式运输，降低国际物流成本。
- 附加值较高，价值过低的商品不适合单件销售，可以打包出售，否则物流成本占比较高。
- 具备独特性，在线交易业绩佳的商品需要独具特色，才能不断刺激买家购买。
- 价格较合理：在线交易价格若高于产品在当地的市场价，就无法吸引买家在线下单。

3. 速卖通的优势和劣势

1）优势

- 覆盖230个国家和地区。
- 拥有世界18种语言站点。
- App装机数量过3亿。
- 全球速卖通网在Alexa排名第41位，流量巨大，全球领先。
- 平台无线交易占比超60%，移动场景使用频率高。
- App在100多个国家或地区应用市场购物榜单中排名第三，深受各国用户喜爱。

2）劣势

对于天猫上相对成熟的品牌商而言，像大型的家电家具、需要本地服务的产品、韩版服饰、带有浓厚中国审美的小众产品（如贵珠宝），都不适合速卖通这个平台。另外，受限于国家之间检验检疫政策的商品，如涂料、药品、食品等也不适合在速卖通上销售。

4. 速卖通的平台服务

首先速卖通代运营服务商会帮助卖家入驻速卖通平台，包括注册账号、在线签署保证金协议、在对应行业选择要添加申请的品牌、线上提交资料及品牌申请。

其次在店铺装修上速卖通代运营服务商拥有自己专业的美工团队，能给店铺进行装修和美化，保证买家用户的视觉体验感及增加用户好感度。

再次速卖通代运营服务商能够相应地提供客服服务，及时为客户解答相关问题，在特殊活动日中，速卖通代运营服务商通过加入活动，制定活动推广策划方案，借势起步；当然店铺的日常运营与维护方面也可以交给专业的代运营团队，及时诊断店铺问题并改善修复。

最后在品牌推广上，速卖通代运营服务商将主打品牌宣传，让中国品牌走向全世界，让全世界了解中国制造，品牌推广通过帮助塑造企业形象和自身产品形象来获得广大海外用户的认可。另外，在仓库管理方面，大多数速卖通代运营服务商都建有自己的海外仓，方便卖家管理产品，并降低卖家的运营成本。

5. 速卖通的收费情况

（1）首先需要注册公司，注册通常不需要费用。

（2）品牌认证：去知识产权管理局注册一个商标，费用大概500元（国外的商标，如美国商标费用大概3 000元，欧洲商标费用大概5 000元，国外的商标最好找当地的代理商去申请注册，因为每过一段时间就要递交资料备案一次，虽然这样可能会贵点，但是也方便些）。

（3）技术服务费：各经营大类技术服务年费不同，到年底，达到一定销售额速卖通会返还一定比例的年费，具体如表1-2所示。

（4）经营成本费用，包括基本的产品成本、物流成本、人工成本等。

6. 速卖通入驻流程

首先需要准备企业资质，要求商家可以是公司也可以是个体工商户，根据身份选择销售计划。注册主体为个体工商户的卖家店铺，初期仅可申请"基础销售计划"，当"基础销售计划"不能满足经营需求时，满足一定条件可申请并转换为"标准销售计划"。其次，需要有英文商标（R/TM标）。另外需要缴纳年费。具体流程，如图1-1所示。

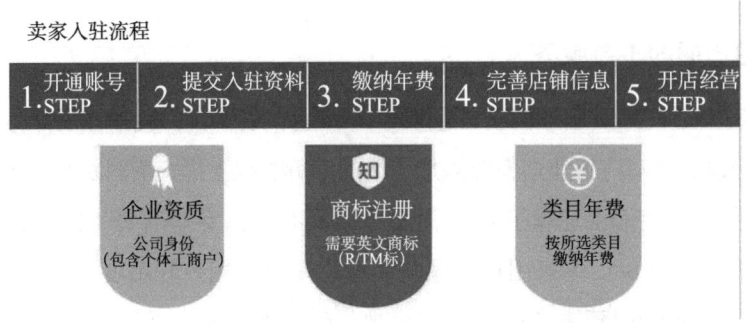

图1-1　速卖通卖家入驻流程

表1-2 速卖通2019年度各类目技术服务年费

经营范围	2019经营大类	年费/元	经营大类下可发布的类目	是否开放基础销售计划	返50%年费对应年销售额/美元	返100%年费对应年销售额/美元
1	珠宝手表（含精品珠宝）	1万	Jewelry & Accessories 珠宝饰品及配件 Watches 手表 以下类目可共享发布： Apparel Accessories 服饰配件（男/女/儿童配件，婴儿配饰及婴儿服装） Men's Clothing 男装 Women's Clothing 女装 Novelty & Special Use 新奇及特殊用途服装 Underwear, Socks, Sleep & Lounge Wear 男女内衣/家居服/袜子 Weddings & Events Wedding Accessories 婚庆配饰	是	5 000	30 000
2	服装服饰	1万	以下类目可共享发布（详见下载表格）： 1. 珠宝饰品及配件、手表 2. 箱包部分类目 3. 孕婴童>儿童服装（2岁以上）>亲子装 4. 男女鞋类目	是	15 000	45 000
3	婚纱礼服	1万	Weddings & Events 婚礼及重要场合 以下类目可共享发布： Jewelry & Accessories Fashion Jewelry 流行饰品	是	25 000	50 000

续表

经营范围	2019经营大类	年费/元	经营大类下可发布的类目	是否开放基础销售计划	返50%年费对应年销售额/美元	返100%年费对应年销售额/美元
4	美容个护（含护肤品）	1万	Beauty & Health Tools & Accessories 工具/配件 Beauty & Health Tattoo & Body Art 纹身及身体彩绘 Beauty & Health Skin Care Tool 护肤工具 Beauty & Health Shaving & Hair Removal 剃须及脱毛产品 Beauty & Health Sanitary Paper 卫生用纸 Beauty & Health Oral Hygiene 口腔清洁 Beauty & Health Nail Art & Tools 美甲用品及修甲工具 Beauty & Health Makeup 彩妆 Beauty & Health Hair Care & Styling 头发护理/造型 Beauty & Health Bath & Shower 沐浴用品 Beauty & Health Fragrances & Deodorants 香氛/除臭芳香用品 Beauty & Health Skin Care 护肤品	是	15 000	40 000
5	真人发（定向邀约制）	5万	Hair Extensions & Wigs Beauty Supply Hair Extensions & Wigs Hair Salon Supply Hair Extensions & Wigs Human Wigs Hair Extensions & Wigs Human Hair 1 Hair Extensions & Wigs Human Hair 2 以下类目可共享发布 Beauty & Health-Hair Care & Styling	否	60 000	200 000

续表

经营范围	2019经营大类	年费/元	经营大类下可发布的类目	是否开放基础销售计划	返50%年费对应年销售额/美元	返100%年费对应年销售额/美元
6	化纤发（定向邀约制）	1万	Hair Extensions & Wigs Synthetic Hair 化纤发 以下类目可共享发布 Beauty & Health-Hair Care & Styling	否	40 000	150 000
7	母婴玩具	1万	Mother & Kids 孕婴童 Toys & Hobbies 玩具 以下类目可共享发布： Shoes 鞋子	是	15 000	30 000
8	箱包鞋类	1万	Luggage & Bags 箱包 Shoes 鞋子 以下类目可共享发布： Mother & Kids Children's Shoes 童鞋 Men's Clothing 男装 Women's Clothing 女装 Mother & Kids Baby Shoes 婴儿鞋 Apparel Accessories 服饰配件（男/女/儿童配件，婴儿配饰及婴儿服装） Novelty & Special Use World Apparel 世界民族服饰 Novelty & Special Use Stage & Dance Wear 舞台表演服和舞蹈服 Women's Clothing 女装 Men's Clothing 男装	是	12 000	35 000

续表

经营范围		2019 经营大类	年费/元	经营大类下可发布的类目	是否开放基础销售计划	返 50% 年费对应年销售额/美元	返 100% 年费对应年销售额/美元
9		健康保健	1万	Beauty & Health Health Care 健康保健 以下类目可共享发布： Beauty & Health -Sex Products-Safer Sex 安全/避孕	是	18 000	50 000
		成人用品	1万	Beauty & Health Sex Products 成人用品 以下类目可共享发布： Novelty & Special Use-Exotic Apparel 情趣服装（不要发布日常穿着的性感内衣）	否	25 000	65 000
		3C 数码（除内置存储、移动硬盘、U盘、刻录盘、电子烟、手机、电子元器件）（投影仪定向邀约）	1万	Security & Protection 安全防护 Office & School Supplies 办公文教用品 Phones & Telecommunications 电话和通信 Computer & Office 电脑和办公 Consumer Electronics 消费电子	是	15 000	36 000
10		内置存储、移动硬盘、U盘、刻录盘	1万	Computer & Office Internal Storage 内置存储 [包含内置固态硬盘、储存卡、存储卡配件（读卡器、存储卡卡套/适配器/转卡盘/内存卡盒）、固态硬盘托架和支架] Computer & Office External Storage 移动硬盘、刻录盘（包含刻录盘、外置机械移动硬盘、外置固态硬盘、硬盘壳包、硬盘盒、U盘）	否	8 000	25 000
		电子烟	3万	Consumer Electronics Electronic Cigarettes 电子烟	否	60 000	120 000
		手机	3万	Phones & Telecommunications Mobile Phones 手机	否	45 000	100 000

续表

经营范围		2019经营大类	年费/元	经营大类下可发布的类目	是否开放基础销售计划	返50%年费对应年销售额/美元	返100%年费对应年销售额/美元
	11	电子元器件（定向邀约制）	1万	Electronic Components & Supplies 电子元器件	否	30 000	65 000
	12	汽摩配	1万	Automobiles & Motorcycles 汽车、摩托车	是	15 000	36 000
	13	家居家具家装灯具工具	1万	Furniture 家具和室内装饰品 Home & Garden 家居用品 Home Improvement 家装（硬装） Lights & Lighting 照明灯饰 Tools 工具	是	15 000	40 000
	14	家用电器	1万	Home Appliances 家用电器	否	15 000	36 000
	15	运动娱乐（含电动滑板车）	1万	Sports & Entertainment 运动及娱乐 Sports & Entertainment Cycling Self Balance Scooters 平衡车 Sports & Entertainment Roller, Skateboard &Scooters Scooters Electric Scooters 电动滑板车	是	10 000	25 000
	16	特殊类		Special Category（特殊类）			

（数据来源：全球速卖通招商计划 https://sell.aliexpress.com/zh/__pc/mivKVp2cfQ.htm? spm=5261.9432516.0.0.23f47011HdW5OL）

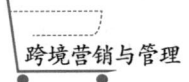

在具体的入驻过程中，要提交一些入驻资料，包括：

- 产品清单。先在招商准入系统中单击"我要入驻"，再下载产品清单，然后填写并上传。
- 类目资质。继续提交类目相关材料。
- 商标资质。继续提交商标资质申请。如果你的商标在商标资质申请页面中查询不到，可以在系统内进行商标添加。

7. 速卖通店铺分类

官方店：商家以自有品牌或权利人独占性（仅商标 R 标）入驻速卖通开设的店铺。

专卖店：商家以自有品牌（商标为 R 或 TM 状态）或者持他人品牌授权文件在速卖通开设店铺。

专营店：经营 1 个及以上他人或自有品牌（商标为 R 或 TM 状态）商标的店铺。

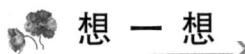

速卖通与淘宝有何不同？

1.2 敦煌网平台

1. 平台概况

敦煌网是全球领先的在线外贸交易平台，是商务部重点推荐的中国对外贸易的第三方电子商务平台之一。敦煌网成立于 2004 年，是中国首个 B2B 跨境电商[*]平台，致力于帮助中国中小企业通过电子商务平台走向全球市场。它采取佣金制，免注册费，只在买卖双方交易成功后收取费用。

---

[*] 说明：跨境电商是跨境电子商务的简称，本书不作统一。

敦煌网的定位是中小额 B2B，即小额批发。敦煌网服务的目标用户主要是欧美中小型采购商与中国中小型生产制造企业。作为双边市场平台，敦煌网一边连接中国制造业中小企业等供应商群体，另一边连接国外中小批发零售商乃至个人等中小批量需求方群体。

2. 敦煌网平台为商家提供的服务

（1）敦煌网为商家提供免费注册、免费上传产品、免费展示的服务。

（2）敦煌网为商家提供入驻开店、平台运营、营销推广、资金结算等一系列服务。

（3）为了帮助商家提高产品曝光度，平台提供营销工具，包括定价广告、竞价广告、展示计划等服务。

（4）平台为商家提供培训店铺装修及优化账号托管等服务。

（5）平台能够为商家提供跨境交易一体化服务，包括互联网金融服务、物流集约化品牌、国内仓和海外仓仓储服务、通关、退税、质检等。

（6）平台为用户提供商品搜索、一站通、数据分析等基本的交易支持。

（7）为用户提供全面的海外营销推广。

（8）给商家提供快捷便利的物流服务。

（9）敦煌网推出了业内第一款外贸移动管理平台"敦煌网客商户版 App 应用"，让商家在移动端也能实现订单管理、订单价格修改、物流状态查询、站内信收发、在线沟通等操作。

3. 敦煌网的盈利模式

1）交易佣金模式

敦煌网为交易双方提供一个交易平台，买卖双方可以在该平台上完成交易，交易成功后平台向买家收取一定比例的佣金。

2）服务费模式

由于跨境电商交易所面对的市场是全球 200 多个国家和地区及一万多个城市，且跨境电商的整个交易流程更加复杂，也就需要更多的服务环节来支持，基于跨境电商的这个特点，敦煌网为用户提供物流、金融服务、代运营等一系列服务，并从中收取相应服务费。

4. 敦煌网的主营业务及目标市场

在敦煌网平台上销售的产品品类主要是电子产品、手机配件、计算机及网络、婚礼用品等,其主要目标市场是欧美、澳大利亚等发达市场。

5. 敦煌网的优势

1)以全国供应商为服务对象

敦煌网的服务对象由最开始的中小商户拓展到规模化的外贸企业、工厂和品牌商家。其推出的"全球网贷中心平台"专门为传统外贸企业提供服务。

2)平台化运营

敦煌网定位于B2B第三方跨境交易平台,致力于帮助中国中小企业通过跨境电商平台,将产品销往全世界实现国际化发展。

3)提供一体化服务

除了为用户提供基于平台的基本服务,敦煌网也在不断优化包括支付、物流、信贷等方面的一体化服务。

4)移动端发展水平领先

敦煌网陆续推出了买家端移动App、买家端WAP平台和卖家端App。

5)网站整合推广

敦煌网与eBay结成战略合作伙伴,通过在eBay上做推广,促进eBay的海外卖家到敦煌网上去进货。目前,敦煌网上三成以上买家本身就是eBay等平台的卖家,他们直接把敦煌网上的产品资讯,复制到自己的网上商铺,实现了无库存销售。同时还利用Facebook等SNS社区的聚合效应,由一支专业的海外营销团队负责,采用视频、广告、互动活动等多种方式进行宣传。

1.3 亚马逊平台

1. 平台概况

亚马逊公司(Amazon,简称亚马逊)是最早开始经营电子商务的公司之一,成立于1995年,一开始只经营书籍销售业务,现在则销售范围相当广的其他产品,已成为全球商品品种最多的网上零售商和全球第二大互联网企业。

亚马逊及其他销售商为客户提供数百万种独特的全新、翻新及二手商品,如图书、影视、音乐和游戏、电子和计算机、家居园艺用品、婴幼儿用品、食品、服饰、鞋类和珠宝、健康和个人护理用品、体育及户外用品、玩具、汽车及工业产品等。

亚马逊目前旗下的网站除美国外,还有在澳大利亚、新西兰、巴西、加拿大、中国、法国、德国、印度、墨西哥、意大利、日本、英国、西班牙和挪威的站点。

亚马逊中国发展迅速,每年都保持了高速增长,用户数量也大幅增加。已拥有 28 大类,近 600 万种的产品。亚马逊中国,前身为卓越网,被亚马逊公司收购后,成为其子公司,经营图书音像软件、图书等。亚马逊中国目前有 14 个运营中心,分别位于北京(2 个)、广州(2 个)、上海、成都、武汉、沈阳、西安、厦门、昆山、天津、哈尔滨、南宁,总运营面积超过 70 万平方米。

2. 亚马逊平台的特点

1)重推荐轻广告

亚马逊没有硬广告投放、直通车、钻展、团购等各种收费广告,而采用基于后台数据的关联推荐及排行推荐的方式,该方式是系统自动根据用户的购买记录和买家好评进行推荐的,故增加选(新)品与优化后台数据、推荐买家留好评就显得非常重要。

2)重商品详情轻客服咨询

亚马逊鼓励客户自助购物,故不设置在线客服。需要将产品详情页写得尽可能丰富,以帮助客户尽快做出购买决定,避免因信息不全而导致客户放弃购买。此种方式更能增加理性消费者的黏性。

3)重产品 轻店铺

亚马逊强调产品而非店铺、卖家。在亚马逊页面上,买家搜索产品,其结果中不会出现店铺页面,而是以统一的陈列标准展现产品。

4)重视客户反馈

亚马逊有两套评价体系,包括:①商品评论(商品评论会呈现在产品详情页,直接影响转化率);②买家反馈(主要是客户对于卖家提供的服务质量的评级,会显示在卖家详情页)。这个评级会决定卖家是否有资格赢得单一产品页面的购物车按钮及排名。

5)按成交额提成,无其他费用

亚马逊平台区别于国内其他平台的收费方式,对于商家,无保证金、平台服务费、技术服务费等,只按照成交额提成,真正做到了互利共赢,但对于入驻商家的要求也比其他平台高，考核也更为严格。

3. 亚马逊的优势

1）庞大的优质客户群体

亚马逊平台上的客户资源为优质群体。消费者群体年龄在 25～40 岁。其中 Prime 会员年费 99 美元。亚马逊采用会员制服务，利用免费配送和自有优质视频服务培养了忠实的客户群体。

在美国，超过一半美国人的网购经验始于亚马逊，仅在美国亚马逊每月就有超过 9 000 万的独立访问者；欧洲五大站月访问量上百亿。

2）订单履行流程简单

亚马逊具有大型仓储运营中心，可以快速将分散的信息流和物流集中起来，如果卖家选择 FBA，亚马逊会帮卖家配送订单。卖家只需把产品发往亚马逊仓库，亚马逊将负责后续的分拣、包装和配送流程。另外，亚马逊还帮助 FBA 卖家提供相关客服，比如退款和退货。

4. 亚马逊为卖家提供的服务

1）物流服务

通过亚马逊快捷可靠的多渠道物流服务，FBA 的库存也可以用于卖家自己的网站，或其他第三方网站上产生的订单，为卖家提供简单方便的跨国扩展业务方式。

2）推广服务

亚马逊平台提供免费的站内推广服务，商家可以在主题活动中得到免费推广；亚马逊也提供付费推广，包括关键词搜索、页面广告等。

3）商业顾问

亚马逊拥有专业的顾问团队，向平台商家免费提供首次上线的技术支持和咨询服务，并定期提供网络培训服务。以电商业务为主，同时以云服务与数字媒体为辅，亚马逊采用自营方式，并且掌控这一切，买卖过程都经由它们。

5. 亚马逊卖家账户的类型

（1）个人账户。个人账户是以身份证注册的亚马逊卖家账号。

（2）公司全球开店账号。全球开店是亚马逊针对中国卖家群体推出的一项招募计划。

（3）美国公司账号。以美国公司为主体注册的账号。

6. 亚马逊的收费标准

（1）月租费。亚马逊为卖家提供两种售卖方案：专业卖家计划和卖家计划。

（2）销售费用。销售费用有成交手续费、运费、佣金、可变结算费。

（3）大批量刊登费。非媒体类商品的 SKU。

（4）退款手续费。对于已交订单保留退款手续费。

1.4 兰亭集势

1. 平台介绍

兰亭集势（LightInTheBox）是以技术驱动、大数据为贯穿点，整合供应链生态圈服务的在线 B2C（Business-to-Customer）跨境电商公司。兰亭集势成立于 2007 年，总部设在北京，在中国的北京、上海、深圳、苏州、成都、香港，以及美国设有分公司。

兰亭集势拥有一系列的供应商，并拥有自己的数据仓库和长期的物流合作伙伴。兰亭集势的主要市场在欧洲和北美，主要出售服饰、电子通信设备、零件配件及家居园艺等产品。

2. 商业模式

兰亭集势作为外贸 B2C 网站，它的运营模式是将中国本土的商品，销售到海外个人消费者的手中，凭借产品采购和产品销售中间的差价获取盈利。

1）自营：以进销差价获取利益

在产品采购上，兰亭集势缩减中间贸易环节，直接从工厂进货的商品占 7 成，最大限度地节约进货成本。

在产品销售上，它将从工厂采购回来的价格低廉的商品以海外市场的定价标准直接销售至海外个人消费者的手中，从中获取差价利润。

2）平台：以收取分成获得盈利

积极吸引国内线下传统品牌、互联网品牌和外贸工人入驻平台，进行招商的品类包括服装、饰品、电子产品、运动用品等。平台不对商家收取年费，只收取商家销售额的一定比例作为分成。

3. 平台服务和交易方式

1）平台应用

兰亭集势开发了拥有自主专利的技术平台，集成了商业运营的各个模块，包括：全球营销、在线购物、供应链管理、订单处理、物流、客户服务。兰亭集势有一套复杂的IT系统来优化货品的快递方式，设定特定品类、特定时间、哪家快递公司的稳定性最高、通关能力最强，系统可以快速从几十个快递商中做出判断。兰亭集势的订单处理模式是：顾客下单后，订单会通过信息系统传送给仓库。基于公司独特的供应链网络，公司会保持较低的库存水平。

2）交易方式

兰亭集势做的业务是跨国B2C，用谷歌推广，用PayPal支付，用UPS和DHL发货。其实，就是通过自有电商平台，也通过在eBay和亚马逊等海外电商平台上开店的方式，将中国商品卖到海外市场，主要的市场是北美和欧洲市场。

兰亭集势目前的支付方式有多种，在安全上，除了电汇或西联快递，客户在用PayPal（贝宝，全球最大的网上支付公司）支付交易后，需要提供信用卡照片及身份证照片，确保交易的合法性及安全性。

4. 入驻平台

兰亭集势要求平台卖家提供企业营业执照（三证合一）。电子产品要提供品类安全认证，品牌产品要提交品牌资质、商标注册证或者品牌授权。

兰亭集势不向平台卖家收取平台入驻费或服务费，但会抽取15%佣金和3%的交易手续费。仓储服务费：每件商品收取0.4美元的仓储服务费，卖家把货发到兰亭集势库房即可，由兰亭集势统一完成订单的配送，节省商家费用，提升客户体验。

5. 平台特点

兰亭集势拥有世界一流的供应链体系。兰亭集势采取自营模式，在供应链环节、供应链管理及商品管理上不断创新，形成了自身独特的供应链体系。

兰亭集势拥有领先精准的网络营销技术。为了更好地切入市场，兰亭集势采取精准的网络营销技术，借助搜索引擎、社会化营销、展示广告等营销方式进行全方位的推广，并将网络营销转变为品牌建立，在开展产品推广的同时发展移动端业务。

兰亭集势采用完整的本地化举措。为了全方位地发展跨境出口业务，兰亭集势推出了一整套的本地化措施，如下所述。

- 海外仓库。兰亭集势先后在欧洲、北美建立了仓储，未来还将会在海外更多的地方建立仓储。
- 海外办公。2014年年初，在美国设立海外办公室。
- 人员及服务。在西班牙、波兰、美国等地招募本土工作人员，通过自身的"虚拟公司"网上协作平台在全球建立员工协作网络。同时，在海外超过20个国家中聘请当地人员担任客服。
- 本地化营销。借助本地网络及社会化营销等营销手段开展本地化营销，帮助公司在当地市场建立并强化品牌知名度和美誉度。

1.5　eBay

1. 平台简介

eBay创立于1995年9月，当时创始人Omidyar的女朋友酷爱Pez糖果盒，却为找不到同道中人交流而苦恼。于是Omidyar建立起一个拍卖网站，希望能帮助女友和全美的Pez糖果盒爱好者交流，这就是eBay。出人意料的是，eBay非常受欢迎，很快网站就被收集Pez糖果盒、芭比娃娃等物品的爱好者挤爆。

eBay公司目前是全球最大的网络交易平台之一，为个人用户和企业用户提供国际化的网络交易平台。eBay.com是一个基于互联网的社区，买家和卖家在一起浏览、买卖商品。eBay交易平台完全自动化，按照类别提供拍卖服务，让卖家罗列出售的东西，买家对感兴趣的东西提出报价。超过九千五百万来自世界各个角落的eBay会员，在这里形成了一个多元化的社区，他们买卖上亿种商品，从电器到计算机，到家居用品，到各种独一无二的收藏。eBay还采用定价拍卖模式，买家和卖家按照卖家确立的固定价格进行交易。

2. eBay的销售模式

eBay为卖家提供了3种刊登物品的方式：拍卖方式、一口价方式、拍卖+一口价综合方式，卖家可以根据自己的需求和实际情况来选择物品刊登方式。

1）拍卖方式

拍卖，顾名思义就是通过竞拍的方式进行销售，价高者得，这是 eBay 卖家常用的销售方式。卖家设置商品的起拍价格和在线时间，对商品进行拍卖，商品下线时出价最高的买家就是该商品的中标者，商品即可以中标价格卖出。

2）一口价方式

一口价方式就是以定价的方式来刊登物品，这种销售方式能够方便买家非常快捷地购得商品。若卖家在销售物品时遇到以下所列举的几种情况，可以考虑选择采取一口价的方式，具体如下：

- 自己非常清楚所售商品的价值，或者自身对商品的价值有清晰的预估，希望能从商品上获得相应的价值。
- 希望自己的商品能获得更长时间的展示，以供买家购买。
- 所要销售的物品有多件，此时可以采取多数量刊登的方式将所有物品整合到一次刊登中。
- 所要销售的物品库存较多，且不想花费太多的刊登费。

3）拍卖＋一口价综合方式

它就是卖家在销售商品时选择拍卖方式，设置最低起拍价的同时，再根据自己对物品价值的评判设置一个满意的"保底价"，也就是一口价。这种拍卖＋一口价的综合方式能够同时综合拍卖方式和一口价方式的所有优势，能让买家根据自身需要和情况灵活地选择购买方式，也能为卖家带来更多的商机。

拍卖＋一口价综合方式比较适用于以下两种情形：所销售的商品种类较多，想尽可能地吸引更多的有不同需求的买家；希望提升销量，扩大买家对库存商品的需求，通过拍卖＋一口价综合方式让更多的买家了解自己的店铺和其他销售的商品。

3. eBay 的收费

eBay 将卖家需要支付的费用分成两部分，包括基本费用和可选费用。基本费用包含刊登费用、成交费用及 PayPal 费用。而可选费用主要指订阅店铺、功能升级及广告费。

1）基本费用

（1）刊登费用。卖家刊登 listing 需要缴纳一定的刊登费，不过卖家们每个月可以获得一定的免费刊登额度（不同类型卖家免费额度也不同），如表1-3所示。

表1-3　不同类型卖家的免费额度

卖家类型	免费刊登条数
不开设店铺的卖家	50 条
订阅店铺的卖家	根据店铺等级来定

当 listing 刊登超过了免费刊登条数，才会收取每条 0.3 美元的刊登费。对于免费的部分，有些品类或产品是不允许参加的。在美国站，如果卖家的账号销售表现跌落到低于标准卖家（below standard seller）水平，则成交费收取的费率会有一定比例的上涨。如果卖家订阅了店铺，那么刊登费和成交费会有一定程度的优惠。

（2）成交费用。当卖家成功售出产品后，eBay 会收取一定的成交费。该成交费是基于买家支付的费用来计算的，包含了产品费用和物流费用。

在没开店铺的情况下，绝大部分产品的成交费是销售总额的 10%，但最高不超过 750 美元。

2）可选费用

（1）订阅店铺。eBay 店铺分为基础店铺、高级店铺和超级店铺，不同等级的店铺会收取不同的费用。费用有月度和年度两种收费方式，而不同等级的店铺，每月免费 listing 的刊登数量、刊登费及成交费收取的比例均不相同。但店铺等级越高，免费刊登数量越多，且其他费用的费率越低。

（2）功能升级。对于 eBay 的刊登，有些功能是可以升级的。比如说预刊登、副标题、标题字体加粗、第二分类等功能均有不同程度的收费。

（3）广告费。eBay 内部可以为卖家提供付费推广服务——promoted listing，可以提高产品的曝光度，增加卖出的概率。设置了 promoted listing 的刊登，在推广时会出现在特定的一些位置。只有通过推广活动成功卖出商品后才会收取相应比例的佣金。只浏览并未售出则不会产生广告费用。promoted listing 可以设置 1% 到 20% 的推广佣金比例，而这个佣金比例是按照成交价的一定比例来收取的，不包含物流费用。eBay 卖家可以根据自身实际情况批量或针对某个 listing 去修改佣金比例。

1.6 Wish平台

1. 平台简介

Wish 是 2011 年成立的一家高科技独角兽公司,有 90% 的卖家来自中国,也是北美和欧洲最大的移动电商平台。它使用一种优化算法大规模获取数据,并快速了解如何为每个客户提供最相关的商品,让消费者在移动端便捷购物的同时享受购物的乐趣,被评为硅谷最佳创新平台和欧美最受欢迎的购物类 App。

2. Wish 的特点

1)推送算法

Wish 平台力求给消费者带来便捷的购物体验,根据用户的喜好以瀑布的形式向用户推荐可能感兴趣的商品,并以最简单、最快的方式将商品销售出去。从某种意义上来说,让产品有了积极主动性,而不再被动地等待。它推送的依据包括以下几点。

依据一:违规率。是否是诚信店铺、仿品率要小于 0.5%。

依据二:迟发率。履行订单的时效、订单上网的时效。

依据三:取消率。由于各种因素导致商户取消交易和消费者取消交易,这些都是存在问题的。

依据四:有效的跟踪率。物流渠道的问题,比如平邮。

依据五:签收率。若商品能在规定的时间内签收,则会增加权重。

依据六:订单缺陷率。缺陷有中评、差评、投诉、纠纷几种。

依据七:退货率。产品销售后又因为各种原因被退回的,其数量与相同时期销售产品的总数之间的比率。

依据八:退款率。

依据九:反馈及时率。收到客户给发的消息,一定要及时尽快地回复,这是很重要的指标。

依据十:推送转化率。

以上各项就是 Wish 平台推送产品依据的核心维度，满足的依据越多，系统就会推送越多，系统会判断该商户是一个好的商户。这就是很多商户反映某天会看到店铺流量暴增的原因，但如果商品推送转化率不达标，那系统就不会在不受欢迎的商品上浪费太多的时间，并会把推送的机会转给下一位符合该条件的商品上，所以就会出现流量图似坐过山车一般的景象。

2）低价策略无效

Wish 平台市场定位的是欧美发达地区，并且 Wish 推送的特色风格是客户先看到的会是图片，然后才会是价格，所以单凭低价策略来做 Wish 是行不通的，而且采用低价策略通常被认为销售质量劣质的商品，这种做法不但会失去用户体验，更会失去 Wish 平台的信任。为了长久地经营，提供高质量的产品、优质的服务，打造出自己的品牌，这才是王道。

3）重视图片质量

客户的浏览习惯通常是随机浏览图片，根据图片的喜好再进行下一步的选择，因此图片质量很重要。图片要求清晰度高，多角度拍摄，同一件商品的图片数量最好不要超过 6 张；产品具有差异性和独特性，否则平台会将重复或相似度高的产品自动屏蔽。

4）搜索权重不重要

Wish 用户很少使用搜索功能，因此，标题只要简洁明确，包括必要的商品名称、品牌名称、关键词属性等词即可。

3. 商业模式

Wish 是新兴的基于 App 的跨境电商平台，主要靠价廉物美吸引客户，在美国市场有非常高的人气，核心品类包括服装、饰品、手机、礼品等，大部分从中国发货。

Wish 平台严格把控商品发货的时效性，所以卖家要选择具有稳定货源的商品；参考热门的收藏品；明确公司和商品的定位，选择相适应的产品；了解目标客户群的需要，有的放矢。

Wish 超过六成的用户分布在加拿大、美国；以 16～30 岁的年轻人为主；这类用户更关注产品是否物美价廉。

4. 平台费用

1）保证金

自 2018 年 10 月 1 日开始，Wish 新注册的店铺须缴纳 2 000 美元的店铺预缴注册费。同时，非活跃商户账户也被要求缴纳 2000 美元的店铺预缴注册费。

2）平台佣金

Wish 从每笔交易中按一定百分比或按一定金额收取佣金。即卖出物品之后收取这件物品收入（售价＋邮费）的 15% 作为佣金。

3）平台罚款

若产品信息不准确、销售伪造侵权产品，账户可能会面临罚款。如果店铺禁售过去 9 天交易总额超过 500 美元的促销产品，店铺将被罚款 50 美元。产品如果在编辑后，在被审核时发现产品违反了 Wish 的政策，商户可能会被处以 100 美元的罚款。

5. 对 Wish 商户的准入要求

（1）只能售卖版权归自己所有或者被授权的产品。入驻 Wish 的商户可以是生产商、品牌授权商、零售商，也可以是手工业者进口商、研发发明者和艺术家。但是商户必须拥有相应的授权。

（2）售卖的商品必须是有形产品。要准备符合 Wish 要求的产品资料，比如图片、价格、文案等。产品展示必须清楚、详细，描述和图片必须准确地展现商品。

（3）拥有快速可靠的物流配送。订单必须在 1～5 天内进行发货，需要提供有效的物流单号。

（4）能够为用户提供自主服务。商户自己需要履行订单并及时回复用户问题。如果采用代发货模式，那么商户必须有能力进行大规模代发货。

Wish 平台商户入驻流程，如图 1-2 所示。

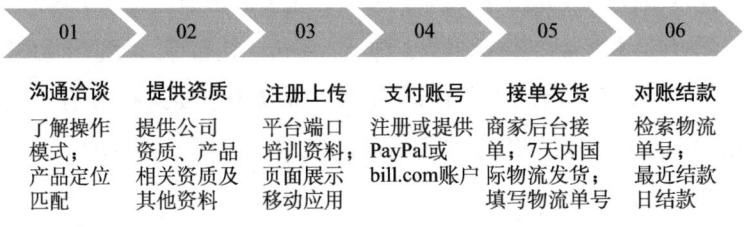

图 1-2　Wish 平台商户入驻流程

拓展与思考

跨境电商与传统外贸相比，它的优势在哪里？

任务实施提示

对于跨境电商卖家来说,在线渠道多元化是拓展网络销售渠道和规模的重要途径。对于某些产品和品牌来说,选择合适的目标市场进行深耕细作也是重要策略。跨境电商行业中的各大平台都有自己的特点、行业优势及客户群,因此,选择适合自己的行业,适合自己的产品,适合自己销售计划的电商平台,显得尤为重要。

组织与设计

以小组为单位讨论选择适合本小组的跨境电商平台,并且在平台上注册店铺。

体会与评价

1. 评价标准

选择平台的依据是否充分。

2. 评价方法

学生讨论与教师点评相结合。

3. 反思与体会

你认为本任务最有价值的内容是什么?

任务部署

按照下面任务单的要求,完成学习。

任务1 任务单

任务名称	选择跨境电商平台注册店铺	任务编号	1
任务说明	一、任务要求 以小组为单位,每个小组选好适合本小组的跨境电商平台,并且注册店铺,要求说明选择该平台的依据。 二、任务实施所需的知识 • 各主流跨境电商平台的特点优势、服务模式、收费标准、未来发展方向 • 完成店铺注册和认证所需要的资质		

续表

任务内容	• 选择恰当的跨境电商平台 • 完成在该平台的店铺注册	
任务实施	一、确定选择平台所需信息	
	二、小组成员分工 说明：按照完成任务所需的范围进行职责分配，分工明确，各司其职。	
	三、信息的收集 说明：利用网络工具搜集相关信息，包括教材、网站及其他网络渠道。	
	四、调查资料的整理、分析 说明：对收集到的信息通过分析整理，选择合适的版本作为参考。	
	五、平台店铺注册	

任务考核

任务1 考核表

任务名称：

专业班级

第　小组　　小组成员（学号、姓名）：

考核项目		分值	自评	备注
信息收集				

续表

考核项目	分值	自评	备注
任务实施			
小计	100		
其他考核			

考核人员	分值	评分	备注
教师			建议以积极的心态评价学生，要注意沟通方式与方法，提高学生的自信心，有利于学生成长与未来发展
小组互评			主要从知识掌握、小组活动参与度、贡献度及纪律遵守等方面给予中肯的评价
总评			总评成绩＝自评成绩×40%＋指导教师评价×35%＋小组评价×25%

拓展案例

报告：亚马逊已成一半欧洲消费者网购的首选平台

电商咨询管理公司 inRiver 发布的一份报告称，将近一半（45%）的欧洲消费者在物色某一产品时会把亚马逊作为首选，而在搜索引擎上寻找产品的消费者仅占28%，直接去品牌商网站的消费者占11%。

这项研究是在2018年9月对来自英国、德国、瑞典、丹麦、荷兰和比利时的6 088名消费者进行的，其中英国有2 000名受访者。

报告显示，如果消费者所需的产品信息在他们浏览的第一家店铺就能找到，41%的消费者便不会去浏览其他网站，而亚马逊集结了产品信息、价格对比和买家评价，已经成为消费者的首选，所以它的销售额独占鳌头也不足为奇。如果缺乏产品的一般信息，约三分之一的购物者（31%）在网站不会停留超过10秒便去其他网站。约11%的购物者直接浏览你的网站，你应该在他们离开前尽力留住他们。

产品的价格对比是消费者最常搜索的信息（占比74%），一般的产品信息中，比如材质、成分等占41%，产品评价的占比为58%。其他数据对于消费者是否购买甚至更为重要，比如，如果产品的信息包括图片（20%）、库存（25%）和价格（39%）缺失，消费者会直接放弃购物车中的产品，转向其他零售商购买。

"那些不直截了当地把消费者需要的产品信息呈现出来的品牌和零售商根本不在他们考虑范围内。给产品大致信息配上寥寥几张图已经过时了。消费者的期望更高了，他们想在网店内了解关于产品是如何被使用的，让他们有下单的欲望和信心。好的产品信息对于把浏览者变成买家是至关重要的。"inRiver总裁说道。

亚马逊成为搜索市场赢家的理由数不胜数，但毫无疑问的一点是，单一细节产品页面和来自品牌和评论（包括视频）的丰富内容的组合，结合清晰的定价和配送信息，对满足消费者的需求大有帮助。

这也说明了为什么亚马逊如此热衷于开发并出台自己的基于产品的购物体验（Product Based Shopping Experience），因为这是整合定价、评论和丰富产品描述，同时还能结合购买方式和产品条件选择的唯一方式。

值得一提的是，亚马逊平台必须要占到你产品首次搜索流量的近一半。如果你的产品不在亚马逊上，而一个消费者又找到了一个与之相似的产品，那么你很有可能会错过销售机会。

（资料来源：报告：亚马逊已成一半欧洲消费者网购的首选平台。[2018-11-03].https://www.cifnews.com/article/38937）

思考：

1. 针对跨境电商平台的选择，以亚马逊为例，何种产品及市场定位适合选择亚马逊平台？

2. 简述跨境电商平台选择的关键。

练习与思考

全球速卖通的买家主要集中在哪些地区和国家？

任务2

如何选品

任务描述

以小组为单位,每个小组为本组注册的电商公司进行选品。

任务要求

- 掌握选品的逻辑和原则。
- 掌握选品的方法和工具。

任务目标

通过本任务的学习,学生应具备选品的能力。

案 例

王明大学毕业之后,在 Wish 平台上开了一个账户,作为一个新手卖家,他不知道该销售什么商品。好在他所在的威海地区,是渔具生产基地,该地区有非常多的渔具生产厂家。经过多方联系,他终于联系好了一家渔具厂家。可是在销售的过程中,他觉得自己付出和努力都很多,但还是没有销量。王明百思不得其解。直到咨询了一位渔具行业的资深外贸人士,他才找到原因。他所找的渔具厂家主要客户都在欧洲,欧洲人比较喜欢后刹车鱼线轮,他们提供的产品也属于这一类。而 Wish 平台的主要客户来自美国与加拿大,他们更喜欢使用前刹车鱼线轮。那么,在从事跨境电商的时候应该如何进行选品呢?

相关知识

# 2.1 选品的思路

选品即销售人员从市场中选择适合目标市场需求的商品。选品解决的是客户买什么的问题。选品是整个店铺运营的基础。

很多新手卖家在选品时，并没有科学的逻辑，而是觉得自己对某类商品比较熟悉或者身边恰好有此类的货源，甚至是感觉某类商品可能好卖，就直接开始销售，这种做法是相当错误的。店铺的选品需要有思路、有依据，才能做到有的放矢。

1．网站定位

网站定位，即网站的目标市场或目标消费群体，通过对网站整体定位的理解和把握，产品专员选择适合的品类进行研究分析。

1）品类结构（产品、销售、订单）

大类：分别为儿童用品、摄像器材、汽车/配件、手机/数码、服装服饰、电脑办公、美容保健、家居园艺、首饰手表、体育用品、玩具收藏品、游戏配件。

2）网站综合性定位对产品集成的要求（产品线的宽度和深度）

网站综合性定位对产品的要求，主要体现在以下两个方面。

第一，宽度方面。拓展品类开发的维度，全面满足用户对某类别产品的不同方面的需求，在拓宽品类宽度的同时，也提升品类的专业度。开发产品时，应考虑该品类与其他品类之间的关联性，以及提高关联销售度和订单品数。

第二，深度方面，每个子类的产品数量要有规模，品相要足够丰富；产品要有梯度，体现在品相、价格等方面；要挖掘有品牌的产品进行合作，提高品类的口碑和知名度；要对目标市场进行细分研究，开发针对每个目标市场的产品。

2．行业动态分析

从行业的角度研究品类，每个品类，都是建立在中国制造的产品面向国外出口的整个行业背景下的。了解中国出口贸易中该品类的市场规模和国家分布，对于认识品类的运作空间和方向，有较大的指导意义。

目前,了解某个品类的出口贸易情况,主要有以下3种途径。

(1)第三方研究机构或贸易平台发布的行业或区域市场调查报告。第三方研究机构或贸易平台具备独立的行业研究团队,这些机构具备全球化的研究视角和资源,因此,它们发布的研究报告,往往可以带来较系统的行业信息。

(2)行业展会。行业展会是行业中供应商为了展示新产品和技术、拓展渠道、促进销售、传播品牌而进行的一种宣传活动。参加行业展会,可以获得行业最新动态和企业动向。

(3)出口贸易公司或工厂。产品专员在开发产品时,需要与供应商进行直接沟通。资质较老的供应商,对所在行业的出口情况和市场分布都很清楚,通过他们,产品专员可以获得较多有价值的市场信息,需要注意的是,产品专员需要先掌握一定的行业知识后再与供应商进行沟通。

3. 数据分析工具

灵活综合运用各个分析工具,全面掌握品类选型的数据依据。

第一步,通过 Google Trends(谷歌趋势)工具分析品类的周期性特点,把握产品开发先机。Google Trends 工具地址为"http://www.google.com/trends",查询条件有关键词、国家、时间。

第二步,借助 KeywordSpy(关键词搜索)工具发现品类搜索热度和品类关键词。工具地址为"http://www.keywordspy.com",查询条件有关键词、站点、国家。

第三步,利用 Alexa 工具,选择出至少3家竞争对手网站,作为对目标市场产品分析和选择的参考。Alexa 网站地址为"http://alexa.chinaz.com/"。

举例:以 swimwear 为例,在 KeywordSpy 首页,如图 2-1 所示,选择美国为分析市场,查询条件选择 swimwear,单击"Search"按钮,结果如图 2-2 所示。

图 2-2 所示数据表明,在美国市场,swimwear 的月搜索量(Search Volume)达到 500 万次,市场热度较高。与 swimwear 相关的热门关键词,如图 2-3 所示。

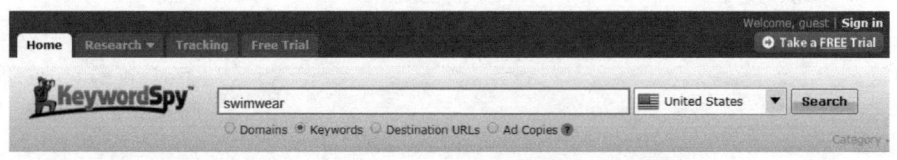

图 2-1 KeywordSpy 首页

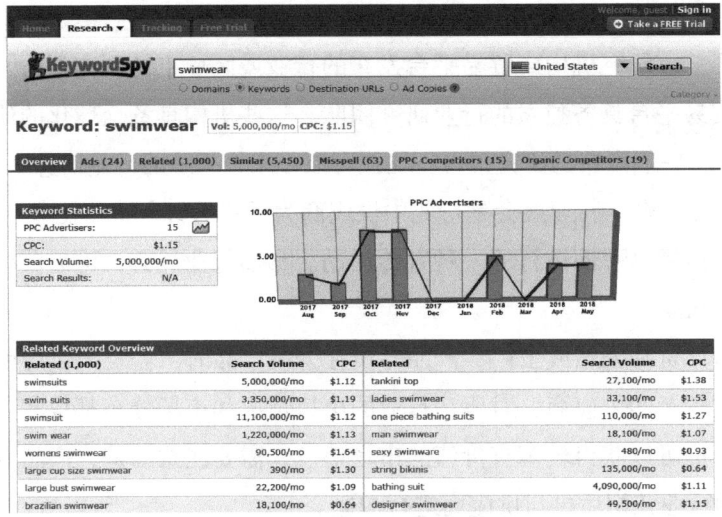

图 2-2 swimwear 搜索结果

Related (1,000)	Search Volume	CPC	Related	Search Volume	CPC
swimsuits	5,000,000/mo	$1.12	tankini top	27,100/mo	$1.38
swim suits	3,350,000/mo	$1.19	ladies swimwear	33,100/mo	$1.53
swimsuit	11,100,000/mo	$1.12	one piece bathing suits	110,000/mo	$1.27
swim wear	1,220,000/mo	$1.13	man swimwear	18,100/mo	$1.07
womens swimwear	90,500/mo	$1.64	sexy swimware	480/mo	$0.93
large cup size swimwear	390/mo	$1.30	string bikinis	135,000/mo	$0.64
large bust swimwear	22,200/mo	$1.09	bathing suit	4,090,000/mo	$1.11
brazilian swimwear	18,100/mo	$0.64	designer swimwear	49,500/mo	$1.15
bathing suits	4,090,000/mo	$1.09	bandeau swimsuit	60,500/mo	$1.22
women's swimwear	110,000/mo	$1.52	swimwear for women	301,000/mo	$1.51

图 2-3 与 swimwear 相关的热门关键词

搜索量最大的几个关键词是泳装的主关键词，如 swim wear、swimsuits、bathing suits 等，而其他关键词可以作为长尾关键词。这些关键词用于产品搜索、产品信息加工中的命名及描述中，会大大提升 SEO 的优化水平。

图 2-4 所示为 swimwear 这个关键词所对应的主要竞争对手网站的站点列表。

PPC Competitors (15)	Keywords	Organic Competitors (19)	Keywords
ae.com	3,610	macys.com	29,578
doll.com	283	nordstromrack.com	6,962
BareNecessities.com	4,711	us.asos.com	7,787
cupshe.com	1,040	hm.com	7,152
us.asos.com	7,787	swimoutlet.com	5,185
foreveryoungswimwear.com	64	shopbop.com	3,047
EverythingButWater.com	297	venus.com	3,557
shein.com	635	adoreme.com	1,628
chubbiesshorts.com	609	loft.com	1,014
us.shein.com	4,914	everythingbutwater.com	297

图 2-4 swimwear 所对应的主要竞争对手网站列表

在以上网站中，重点关注原始关键词较多的网站，如图 2-5 所示。

Organic Competitors (19)	Keywords
macys.com	29,578
nordstromrack.com	6,962
us.asos.com	7,787
hm.com	7,152
swimoutlet.com	5,185
shopbop.com	3,047
venus.com	3,557
adoreme.com	1,628
loft.com	1,014
everythingbutwater.com	297

图 2-5　swimwear 所对应的原始关键词较多的网站

下面以图 2-5 中通过 KeywordSpy 发现的 www.landsend.com 为例，利用 Alexa 工具对该网站进行进一步的分析，以确定其是否可作为适合的参考网站。

登录 Alexa，在搜索框中输入"www.landsend.com"网址，如图 2-6 所示。

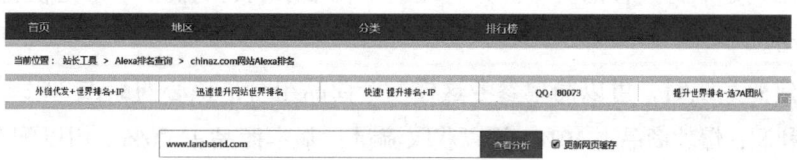

图 2-6　在搜索框中输入网址

在查询结果页面，我们重点关注 landsend.com 这个网站的日均 IP 流量（代表网站的整体知名度），如图 2-7 所示。

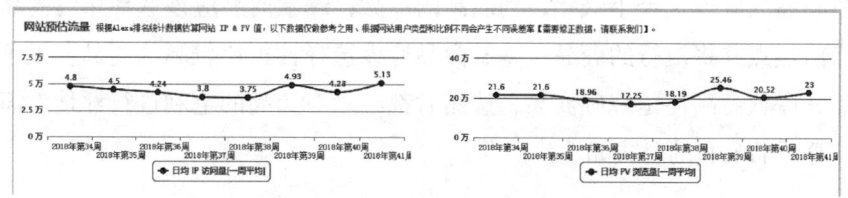

图 2-7　landsend.com 在各个地区的排名

通过图 2-7 我们可以看出，www.landsend.com 这个网站以美国为主要目标市场且在美国有较高的知名度。再结合 KeywordSpy 工具的分析，我们可以确定，www.landsend.com 可以作为我们在美国乃至北美市场的泳装类别参考网站，用于研究适合美国市场的泳装产品的品相及价格。

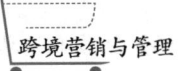

想一想

在该案例中,应如何避免犯类似王明的错误?

 **2.2　选品的要点**

1. 确定商品线

跨境进口零售商品销售的前提是必须有现货,而且必须拥有稳定的货源,而不是等客户下单了才找货。在有现货的基础上,建立自己的商品线就是头等大事了。商品线的设置,决定了卖家的目标客户群、销售渠道,决定了竞争对手,也决定了企业成本,还决定了跨境进口平台(公司)的盈利能力。

商品线是平台生存的关键。只有能给平台带来利润的商品,才是值得放进平台的商品。

组建商品线时,可以简单参考这样一个商品组合:核心商品占20%,用以获取高额利润;爆款商品占10%,用以获取流量;基本商品占70%,用以配合销售。选品应该兼顾不同的目标客户,不能将所有的商品都选在同一个价格段和同一个品质上。不同的价格和不同的品质等级能吸引不同的目标客户,进而产生更多的订单。

核心商品应该选择小众化、利润高的商品;爆款商品应该选择热门商品或者紧跟当前热点并将流行的商品;基础商品应该选择性价比较高的商品。无论是核心商品、爆款商品还是基础商品,选品时都必须对商品的毛利进行评估。简单来说,计算单品毛利的公式如下:

单品毛利 = 销售单价 − 采购单价 − 单品运费成本 − 平台费用 − 引流成本 − 运营成本

品牌是影响商品销量的重要因素,好的品牌可以带来更多的销量和关注度,甚至还可以带动店铺内其他品牌、单品的销量。所以,不能忽视品牌。若想提高销量,则要紧盯热门类目和单品。若要选择稳定款和利润款,则可以多关注一些冷门品类和长尾非标单品。

2. 确定目标客户群

商品线确定好之后，要了解目标客户群，了解他们的消费特点、他们喜欢什么样的品牌，以及这些品牌在该市场的占有率，同时也需要了解竞争对手如何布局同类商品线。另外，必须了解目标人群的地域差异、性别差异、年龄差异、收入差异等。

3. 寻找独一无二的产品

以精细化、差异化为出发点，寻找独一无二的产品。欧、美、日、韩市场上有很多性价比非常高的非标类的长尾商品，这些商品就是不错的选择，虽然目前在国内名气很小甚至不为人所知。选品一定要有前瞻性，要去研究未来1~3年哪些品类可能会爆发，哪些商品可能会进入销售生命期的高峰，如个性化定制的商品未来一定会有长足的发展。所以，必须要想办法做到差异化、精细化，选品的过程越用心，将来面临的竞争就越小。

不管是做跨境进口独立平台还是做第三方平台，都不应该仅仅盲目地做关键词调研，或在搜索引擎上观察竞争情况，而应该仔细了解所有的竞争者。

4. 关注税改和正面清单

近几年，在进口方面，跨境电商除了是进口商品的代名词，也成了奶粉、尿不湿、低价位日韩化妆品的代名词。因为这些商品的税率最合适，重复消费率最高，是最能拉动流量的单品，也是存在较大套利空间的商品。如果跨境电商税收新政策落地，预计跨境电商税务负担成本将增加20%~30%，而这些税收成本都将转化为商品交易成本，由消费者承担。这将对选品造成极大的冲击。

税改政策的出台将引起新一轮的跨境领域的消费升级，电商选品将从低价转向高价，爆款难再现，非标长尾商品将风光无限。

 2.3 速卖通选品应用

速卖通平台选品可以通过站内选品和站外选品结合来进行。其中站内选品是通过运用速卖通平台站内的一些数据分析工具来辅助卖家进行选品的，站外选品

是指通过参考相似平台或借助第三方数据分析工具帮助卖家选品。

站内选品指的是利用速卖通平台提供的工具,结合一定的数据分析和自身的情况来选择要经营的行业及具体类目下的产品,具体分为行业选品、类目选品、属性选品、网站推荐选品及参考同行业卖家款式选品。

1. 行业选品

行业情报基于速卖通平台的交易数据,提供TOP行业排行榜、行业趋势、TOP店铺排行榜和买家地域分布4类主要内容。卖家可以根据行业情报提供的分析,迅速了解行业现状,判断经营方向,进而确定自己要经营的行业。

行业选品指的是卖家根据速卖通平台目前的情况,确定要经营的行业。我们可以将速卖通上的行业分为红海行业和蓝海行业。

红海行业指的是那些竞争白热化、血腥、残酷的行业。蓝海行业指那些竞争压力尚不大,但又充满买家需求的行业,蓝海行业充满新的商机和机会。

在速卖通网站中,蓝海行业整体竞争不大,充满新的空间和机会,如图2-8所示。

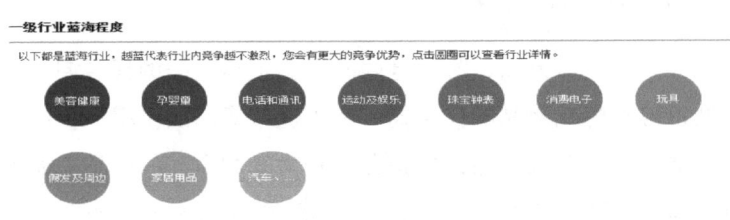

图2-8 一级行业蓝海程度

圆圈的蓝色程度越深,说明该行业竞争力越小。蓝色最深的行业往往是比较冷门的行业,开拓市场花费的时间会比较长,因此不建议选择。

通过对蓝海行业的细分,卖家可以选择自身优势蓝海行业,发布对应商品,获得更多商机;对应行业的供需指数越低,说明竞争度越小,出单机会越大,如图2-9所示。

卖家可以使用"数据纵横"→行业情报分析工具对某行业的现状进行分析。进入"数据纵横"页面,在左侧选择"行业概况"选项,在打开的页面中可以选择目前平台下所有行业的全类目,以及全品类的产品;时间可以选择3种类型,分别为最近7天、最近30天和最近90天,如图2-10所示。

任务 2　如何选品

蓝海行业细分			
美容健康 ▼	您可以通过筛选，查找特定行业下的蓝海行业		
	叶子行业名称	供需指数	操作
	美甲用品及修甲工具 > 美甲艺术 > 蓝油	7.73%	查看行业详情
	彩妆 > 唇部彩妆 > 唇线笔	27.43%	查看行业详情
	美甲用品及修甲工具 > 美甲艺术 > 水晶粉	24.21%	查看行业详情
	彩妆 > 脸部彩妆 > 高光/阴影	26.58%	查看行业详情
	头发护理/造型 > 造型工具 > 围巾婴儿用的请发布到婴儿理发围布下	24.35%	查看行业详情
	头发护理/造型 > 造型用品 > 编发造型用品	46.27%	查看行业详情
	彩妆 > 化妆工具/附件 > 眉模具	20.56%	查看行业详情
	彩妆 > 唇部彩妆 > 润唇膏	34.05%	查看行业详情
	彩妆 > 脸部彩妆 > 遮瑕	83.96%	查看行业详情
	头发护理/造型 > 造型工具 > 扁梳/圆梳（婴儿用的请发布到婴儿梳子下）	25.77%	查看行业详情
◂ 1 2 3 4 5 6 7 ▸		Go to Page	Go

图 2-9　蓝海行业细分

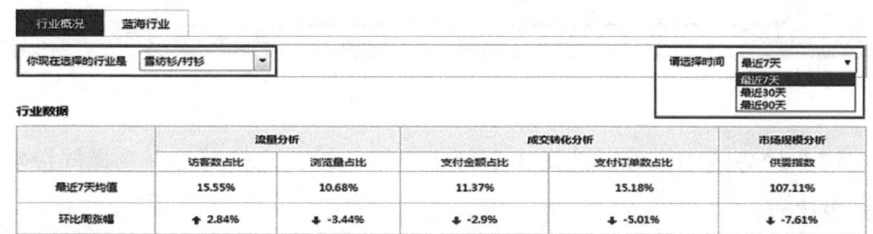

图 2-10　行业概况

行业概况分为行业数据、趋势和行业国家分布 3 个小类。

1) 行业数据

选择自己的行业，查看该行业最近 7 天/30 天/90 天的流量、成交转化和市场规模数据，了解市场行情变化情况。例如，选择雪纺衬衫最近 7 天的数据，如图 2-10 所示。

其中，各项指标的意义介绍如下。

- 访客数占比：统计时间段内行业访客数占上级行业访客数比例。
- 浏览量占比：统计时间段内行业浏览量占上级行业浏览量比例。
- 支付金额占比：统计时间段内行业支付成功金额占上级行业支付成功金额比例。
- 支付订单数占比：统计时间段内行业支付成功订单数占上级行业支付成功订单数比例。
- 供需指数：统计时间段内行业下商品指数/流量指数。供需指数越小，竞争越小。

2）行业趋势

行业趋势有趋势图和趋势数据明细两项。

（1）趋势图。选择相关行业进行数据趋势对比，可以分别从访客数占比、支付金额占比、浏览量占比、支付订单数占比和供需指数进行对比分析，如图2-11所示。

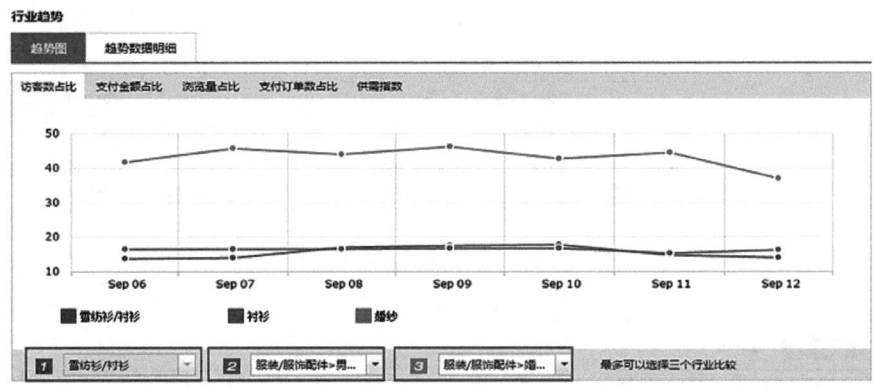

图2-11 行业趋势图

在行业趋势图中，可以选择3个行业进行比较，比较时最好选择同级类目，不要跨级比较。

（2）趋势数据明细。查看行业在选定时间段内的明细数据情况，并且可以单击右上方的下载按钮（"下载最近30天原始数据"超链接）下载该数据，进行更进一步的数据分析，如图2-12所示。

	流量分析		成交转化分析		市场规模分析
	访客数占比	浏览量占比	支付金额占比	支付订单占比	供需指数
2016-12-16	37.11%	16.86%	16.83%	25.53%	52.03%
2016-12-17	37.04%	16.89%	16.49%	26.12%	51.76%
2016-12-18	36.06%	16.48%	16.96%	25.68%	54.38%
2016-12-19	35.12%	16.11%	16.83%	24.85%	55.17%
2016-12-20	34.26%	15.91%	16.68%	25.2%	57.72%
2016-12-21	33.56%	15.84%	16.08%	23.79%	59.66%
2016-12-22	34.34%	16.24%	16.4%	25.26%	57.05%

图2-12 行业数据明细

（3）行业国家分布

根据选定行业的访客数和成交额的分布情况，在发布商品及设置运费时做出更多的针对性操作，让目标国家的买家可以更加方便地购买商品，提高商品的转化率，如图2-13所示。

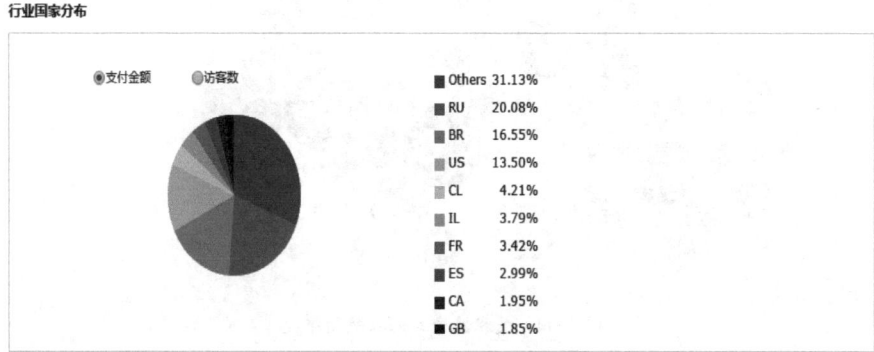

图2-13 行业国家分布

2. 类目选品

卖家选定行业后，就要确定要销售这个行业下的哪些类目的产品，也就是类目选品。

1）了解行业下的类目

在类目选品之前，必须要了解该行业下平台目前有哪些类目的产品。卖家要了解整个行业下的具体类目产品，再从中选择自己熟悉的产品。

2）了解卖家热卖产品与买家最需要的产品

对一个行业下的产品类目有了了解后，还要了解平台上的卖家都在卖哪些类目下的产品，以及平台买家需要的产品。在这里就需要用到"数据纵横"→"选品专家"工具。

"选品专家"工具以行业为维度，提供行业下热卖商品和热搜关键词的数据，让卖家能够查看海量的热卖商品资讯并多角度分析买家搜索关键词。卖家可以根据选品专家提供的内容调整产品，优化关键词设置。

进入"数据纵横"→"选品专家"页面，选品专家提供了"热销"和"热搜"两个维度。其中，"热销"是从卖家的角度来说的，"热搜"是从买家的角度来说的。

在"热销"维度下，"行业"选择"美容健康＞彩妆"，"国家"选择"全球"，"时间"选择"最近一天"，结果如图2-14所示。

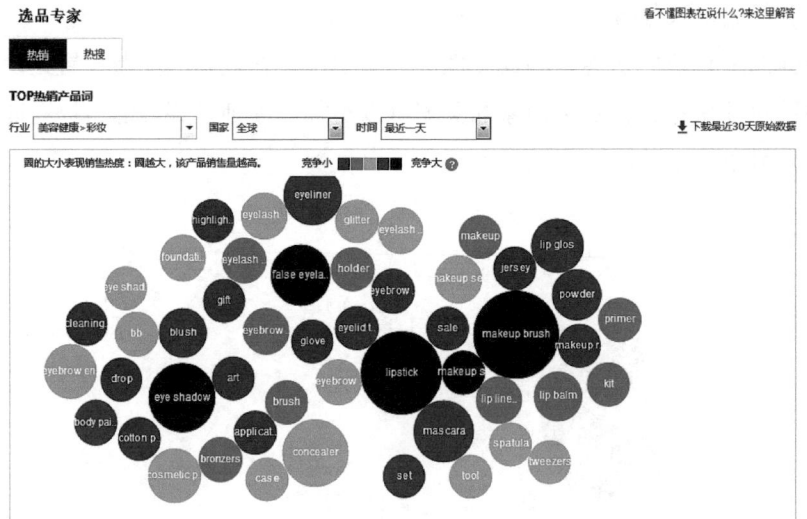

图 2–14　美容健康 > 彩妆热销维度

单击页面右上方的“下载最近 30 天原始数据”超链接，打开后即可看到表格有 3 个指标，如图 2–15 所示。

	A	B	C	D	E	F
1	行业	国家	商品关键词	成交指数	购买率排名	竞争指数
2	彩妆	全球	mascara	1066	2	0.77
3	彩妆	全球	jersey	1066	47	0.0
4	彩妆	全球	alse eyelasl	117	15	1.76
5	彩妆	全球	bronzers	128	26	0.14
6	彩妆	全球	art	12927	49	0.04
7	彩妆	全球	eaning bru	13	35	0.0
8	彩妆	全球	cotton pad	13	14	0.08

热销产品一览表

图 2–15　彩妆行业最近 30 天原始数据

各个指标所代表的含义如下。

● 成交指数：在所选行业所选时间范围内，累计成交订单数经过数据处理后得到的对应指数。成交指数不等于成交量，指数越大成交量越大。

● 购买率排名：在所选行业所选时间范围内该指标的排名。

● 竞争指数：在所选行业所选时间范围内产品词对应的竞争指数。指数越大，竞争越激烈。

我们可以对表格中的数据进行降序或升序排列，进而选择热销产品。

“热搜”功能将提供给卖家所选行业下 TOP100 的关键词及对应搜索量、行业匹配度和产品热度,如图 2-16 所示。

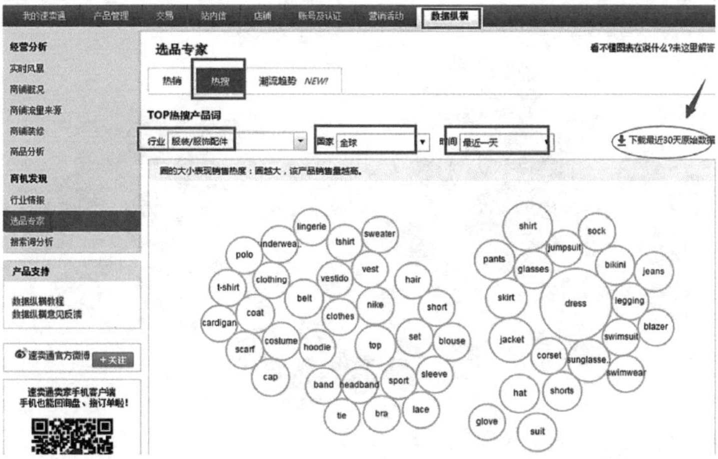

图 2-16　美容健康 > 彩妆行业热搜维度

在"热搜"维度下,同样也可以将最近 30 天的数据下载下来并进行排序分析,其中会涉及搜索指数、搜索人气、购买率排名、竞争指数 4 个指标。前两个指标含义如下。

● 搜索指数:在所选行业及所选时间范围内,搜索该关键词的次数经过数据处理后得到的指数。搜索指数不等同于搜索次数,搜索指数越大,该商品关键词搜索量越大。

● 搜索人气:在所选行业及所选时间范围内,搜索该关键词的人数经过数据处理后得到的对应指数。搜索人气不等同于搜索人数,搜索人气越大,搜索该商品关键词的人越多。

同时从卖家和买家两个角度进行分析,如果一个行业下某个类目在卖家中是热销,同时在买家中也是热搜,说明该类目产品是比较好卖的。

3. 属性选品

除了以上介绍的在行业中选品和在类目中选品,卖家还可以利用"数据纵横"中的"选品专家"工具,按照"热销"和"热搜"两个维度,在产品中选品。

进入"数据纵横"→"选品专家"页面,选择"热销"维度,选择"服装/服饰配件"行业下的"女装"类目,"国家"选择"全球","时间"选择"最近 7 天",然后单击"dress"(连衣裙)一词,如图 2-17 所示。

进入到"dress"(连衣裙)一词页面,可以分别查看该产品的关联产品分析、热销属性分析和热销属性组合数据等信息。

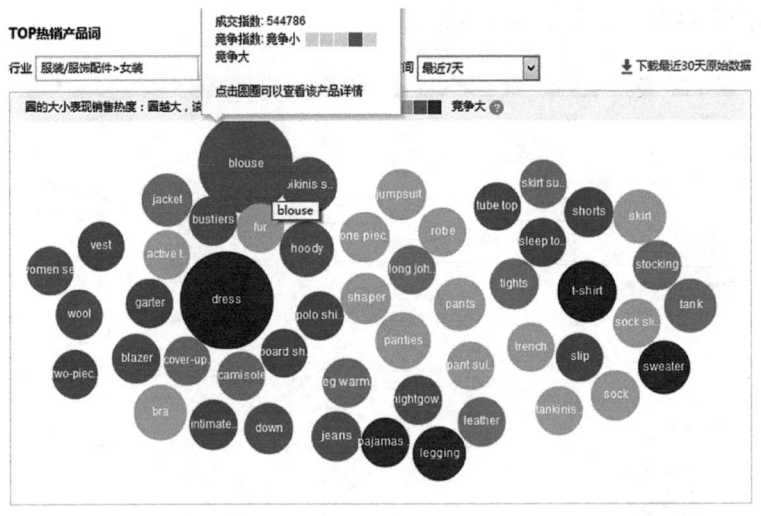

图 2-17 选品专家女装"热销"维度

1）关联产品分析

如图 2-18 所示，TOP 关联产品是指买家同时浏览、点击、购买的商品。其中，产品与产品之间的连线越粗，表示其关联性就越强，即买家同时浏览、点击、购买的人越多。圆圈越大，则表示该产品的销量越高。

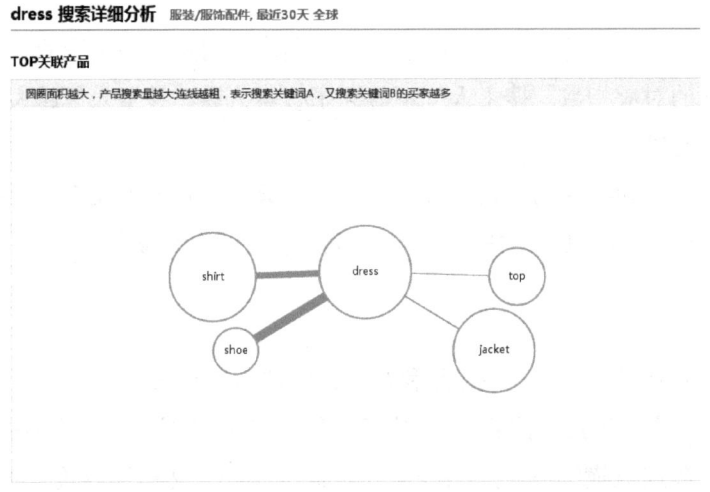

图 2-18 TOP 关联品

2）热销属性分析

TOP 热销属性是指某个品类下热销的属性，如图 2-19 所示。单击"+"可以展开 TOP 热销的属性值，单击"-"可以收起 TOP 热销的属性值。单击后属性值的圈越大表示销量越高；同一类颜色在此图中只作属性分类用。

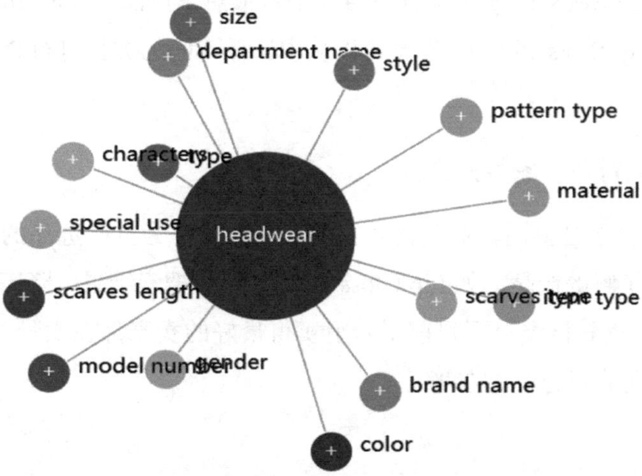

图 2-19　TOP 热销的属性

4. 网站推荐选品

速卖通平台为卖家提供了一些行业在某个时间段内的平台流行趋势，卖家可以参考其中的产品进行选品。

1）首页类目推荐

图 2-20 所示为平台首页中女装行业目前在平台上流行的类目产品，比如 Blouses& Shirts（女士衬衫）、Tank Tops（背心装）、Jumpsuit& Rompers（连衣裤）等，卖家也应关注这里的产品信息。

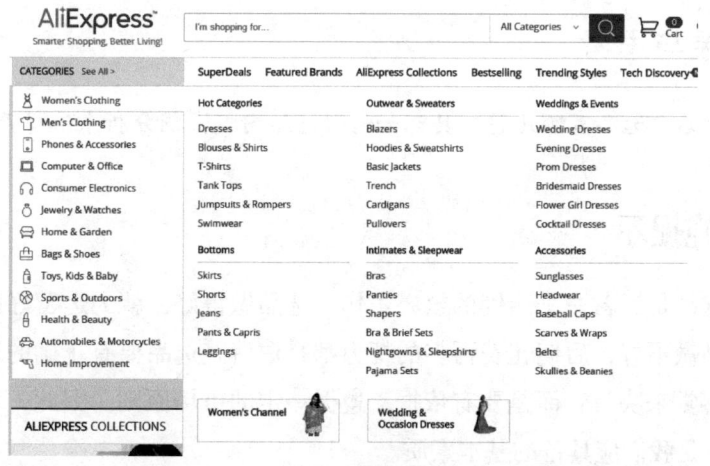

图 2-20　平台首页女装行业类目推荐

2）Bestselling

平台首页的 Bestselling 中会推荐目前平台最热销产品（Hot Products）和本周热卖榜（Weekly Bestselling），卖家可以从中选择不同的类目进行查看，作为选品的参考。

5. 参考同行业卖家款式选品

我们可以将平台上同行业其他卖家的产品款式作为自己选品的参考。在买家端首页输入想了解的产品，如 Lip Gloss（唇彩），将搜索结果以降序形式排序，如图 2-21 所示，查看该类目下目前平台上卖得最好的卖家都在卖哪些款式的产品，将这些产品作为自己选品的参考。

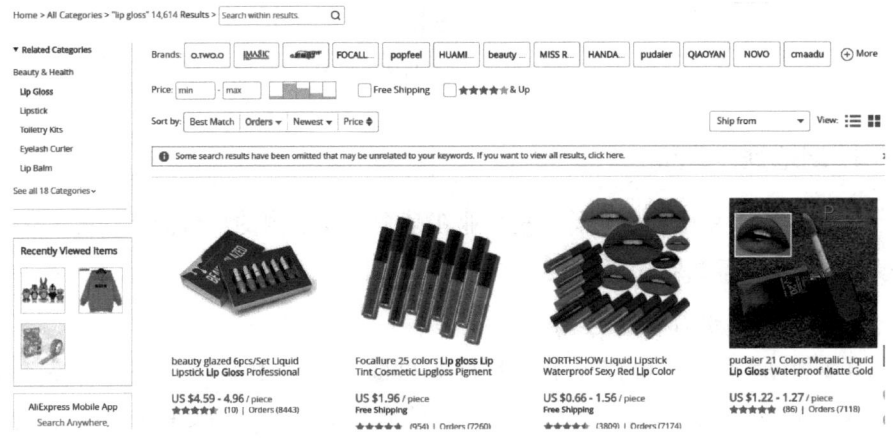

图 2-21　列表状态下 Lip Gloss 销量最好的产品类型

拓展与思考

速卖通站内选品有哪几种工具？如何通过站内搜索词分析来选择产品？

任务实施提示

由于选品是运营一个店铺的核心工作，选品做得好，就为运营好店铺奠定了基础；选品做不好，后期花费再多的精力都是白费。选品要有正确的思路，不能凭借主观感觉来决策，而是要有依据，遵循一定的市场原则。因此，熟练掌握选品的技能，是我们应具备的基本素质。

组织与设计

以小组为单位讨论并为本小组运营的店铺进行选品。

体会与评价

1. 评价标准

选品的依据是否充分。

2. 评价方法

学生讨论与教师点评相结合。

3. 反思与体会

你认为本任务最有价值的内容是什么?

任务部署

按照下面任务单的要求,完成学习。

任务2　任务单

任务名称	店铺的选品	任务编号	2
任务说明	一、任务要求 以小组为单位,每个小组选定好本小组所经营店铺的产品或者产品组合,并说明选品的依据。 二、任务实施所需的知识 • 选品的原则和技巧。 • 选品的工具。		
任务内容	• 选品。 • 说明选品依据和选品流程图。		
任务实施	一、确定选品所需信息		

续表

任务名称		店铺的选品	任务编号	2
任务实施	二、小组成员分工 说明：按照完成任务所需的范围进行职责分配，分工明确，各司其职。 三、信息的收集 说明：利用网络工具搜集相关信息，包括教材、网站及其他网络渠道。 四、调查资料的整理、分析 说明：对收集到的信息通过分析整理，选择合适的版本作为参考。 五、选品结果			

任务考核

任务考核表

任务名称：

专业班级：

第　小组　　小组成员（学号、姓名）：

任务2　考核表

考核项目		分值	自评	备注
信息收集				

续表

考核项目		分值	自评	备注
任务实施				
小计		100		
其他考核				
考核人员	分值	评分	备注	
教师			建议以积极的心态评价学生，要注意沟通方式与方法，提高学生的自信心，有利于学生成长与未来发展	
小组互评			主要从知识掌握、小组活动参与度、贡献度以及纪律遵守等方面给予中肯的评价	
总评			总评成绩＝自评成绩×40%+指导教师评价×35%+小组评价×25%	

拓展案例

出口电商卖家如何做好父亲节选品？

父亲节是一个主要的购物节。卖家需提前制订计划并采购相关产品，保证在消费者开启节日购物前产品已经到位。为了帮助卖家更好地准备父亲节销售，这里列出一些网上卖家可以采购的好产品，希望能给卖家选品以启示。

1. 运动产品

对于一些父亲来说，体育用品是其最好的父亲节礼物。网上卖家可以利用自己具备的体育知识，更好地进行产品采购。如果卖家考虑销售运动服、运动设备及其他与运动相关的亚马逊BMVD（即图书音像、影像及DVD产品）品类商品（或其他平台相关品类商品），那么就有必要知道哪些球队很受欢迎，哪些运动品牌很畅销。

卖家可以考虑销售高尔夫器材、篮球、足球、曲棍球及相关设备、网球及网球拍、棒球手套等，提供给喜欢运动的爸爸。也不要忘了利基体育项目相关设备，如滑雪、保龄球、骑行、划船、跑步等，充实产品组合。

卖家也可以销售热门球队球员的球衣和帽子，甚至还可以利用原有品牌认知度，采购与特定球员有关的品牌运动鞋。

卖家要记得使用捆绑销售的策略，比如创建一个特定的运动套装，其中包括一个网球拍、一盒网球和腕带等，或是捆绑销售一个球队或是最近比赛冠军的相关产品。

2. 与汽车相关的产品

很多父亲都喜欢汽车和卡车，因此，卖家可以借此时期销售与汽车相关的产品。与汽车相关品类产品是另一大商机，卖家可以创造独特的捆绑销售产品，也可以考虑提供由一套汽车垫、一对座椅套、空气清新剂和车载收纳包组成的套装，供消费者选择。

3. 简单又便宜的父亲节小礼物

不要忘了像父亲节咖啡杯、T恤衫及有趣又便宜的小礼物。对于许多购物者来说，这些是给爸爸最完美的礼物。

以下是一些适合父亲节销售产品的建议：父亲节书籍、口袋刀、相框、钥匙扣。

4. 男士美容用品和套装

从肥皂到胡须油，男性美容产品在父亲节前需求量很大。聪明的电商卖家可以创造捆绑销售产品。卖家可以考虑剃须需要用到的所有用品：一把剃须刀和盒子、剃须膏、须后水和保湿膏等，或一套包括电动刮胡刀和胡须膏的套装。可销售的产品有很多，所以卖家要确保产品有创意而且价格合理，并确保能在父亲节购物高峰期参与BuyBox。

5. 科技产品和小玩意

今年科技产品和小玩意或将在父亲节大卖。大屏幕电视、计算机和音响将是父亲节的热门产品，此外还有扬声器、投影仪、相机及镜头、电子游戏系统及游戏。其中VR（虚拟现实）产品将非常受欢迎。卖家可以做研究，了解受欢迎的产品和可以销售的产品。

6. 家居用品

消费者也会给父亲购买如割草机、锯子、木工设备等家居装修产品。对于此类消费者，卖家可能要采购相关工具，提供给喜欢自己动手的父亲。卖家也可以采购一些收纳产品,诸如工具袋、箱子、皮带和枪套等。

7.其他父亲节可销售的产品品类

全球有非常多不同类型的父亲,因此,卖家还有很多父亲节产品采购方向,其中可以包括:乐器、厨具、亲子玩具(乐高玩具、游戏和拼图等)、户外产品(远足设备、双筒望远镜、帐篷和长靴等)。

(资料来源:出口电商卖家如何做好父亲节选品?。[2017-11-1].http://www.cifnews.com/article/25903)

思考:

1.针对节假日活动,以父亲节为例,如何做好跨境电商选品工作?

2.简述跨境电商选品工作的关键与核心内容。

练习与思考

1.运用"数据纵横"工具,分析速卖通平台人气最高的商品是哪几类。通过数据分析说明,在速卖通平台上开店最应该选择哪几类商品。

2.以"wig"为关键词,搜索排名前5名的店铺,将店铺以每家排名前5的热销商品用Excel表格进行记录分析,通过分析得出结论:哪一款wig的销售市场最好。

任务3

跨境营销——店铺营销

任务描述

以小组为单位,每个小组为本组的店铺开展店铺营销。

任务要求

- 掌握店铺自主营销的工具、折扣力度设置。
- 了解策划营销活动和外部引流方式。

任务目标

通过本任务的学习,学生应具备开展店铺营销推广的能力。

案 例

王明的店铺注册好了,商品也全部上架了,但是订单却非常少。他忍不住好奇,同样的产品卖同样的价格,为什么大卖家就能卖爆,而自己却出不了单?

思考:有什么办法可以帮他改善状况,提升销量?

推广宣传是一个网店运营成功的关键。流量是店铺的生命线,没有流量就谈不上销量。各个平台都为卖家提供引流推广的工具。学会最大限度地利用平台资源,为自己的商品增加曝光,让自己的店铺脱颖而出是非常重要的。下面就以速卖通为例,来了解一下速卖通平台的店铺营销。

相关知识

3.1 速卖通店铺自主营销工具

速卖通平台为卖家提供了4种自主营销工具，分别是：限时限量折扣、全店铺打折、店铺满立减和店铺优惠券，在店铺运营过程中卖家需要有策略地使用这些营销工具。

1. 限时限量折扣

限时限量折扣活动可以增强店铺人气，活跃气氛，调动顾客购买的欲望。此活动适合推新款、打造爆款、清库存和优化排名。

1）限时限量折扣活动的特点

- 每月可创建40个活动，共1 920小时。
- 创建后12小时生效，活动产品生效前后无法修改。
- 可跨月设置活动，还可控制供应数量。
- 全店铺折扣和限时折扣的时间与折扣力度均以限时折扣为优先。
- 同款产品可同时报名时间不冲突的限时限量折扣或者平台其他活动（除了团购和秒杀）；限时限量折扣和全店铺打折活动的时间冲突时，优先展示限时限量折扣信息。

2）设置和展示规则

- 限时限量折扣活动需要提前12小时创建。
- 限时限量折扣活动可以跨月创建。
- 限时限量折扣活动在开始前6小时内，处于"等待展示"状态。若处于"等待展示"和"展示中"状态，则无法再修改活动信息。要注意的是，以上时间均以美国时间为准。

3）优惠生效规则

- 限时限量折扣活动与平台常规活动的优先级相同，商品只能选择一个活动。
- 限时限量折扣活动和平台活动的优先级高于全店铺打折活动，如果同时参加平台活动和全店铺打折活动，该商品在买家页面将只出现平台活动的相关信息。

案例解析：

卖家小王为 A 产品设置了以下活动。

① A 产品参加全店铺打折活动。活动时间：1 月 3 日 00：00 至 1 月 15 日 00：00。A 产品折扣率为 20% OFF。

② A 产品参加店铺限时限量折扣活动。活动时间：1 月 6 日 00：00 至 1 月 8 日 00：00。A 产品折扣率为 40% OFF。

③ A 产品还参加平台活动。活动时间：1 月 9 日 00：00 至 1 月 10 日 00：00。A 产品折扣率为 50% OFF。

在 1 月 3 日至 1 月 15 日期间，A 产品的销售折扣经历了 5 个阶段的波动。

- 1 月 3 日至 1 月 6 日，20% OFF。
- 1 月 6 日至 1 月 8 日，40%OFF。
- 1 月 8 日至 1 月 9 日，20% OFF。
- 1 月 9 日至 1 月 10 日，50%OFF。
- 1 月 10 日至 1 月 15 日，20%OFF。

限时限量折扣活动由 3 个部分构成：活动名称、开始时间和结束时间，设置步骤如下。

① 单击"营销活动"→"店铺活动"→"限时限量折扣"→"创建活动"按钮，如图 3-1 所示。

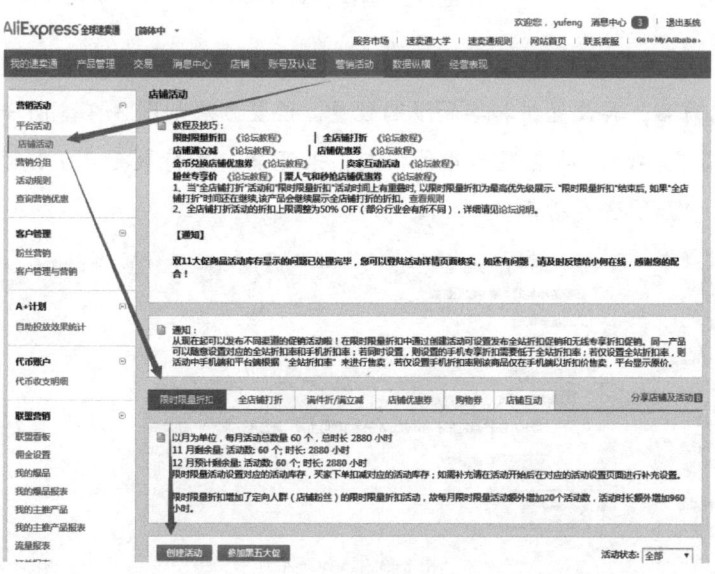

图 3-1　店铺创建活动

② 填写活动名称，设置活动开始和活动结束时间，设置后单击"确定"按钮，如图 3-2 所示。活动名称要简洁明了，例如，"新款推荐"。这里的时间为美国太平洋时间，通常设置一周左右，能给买家带来紧迫感。

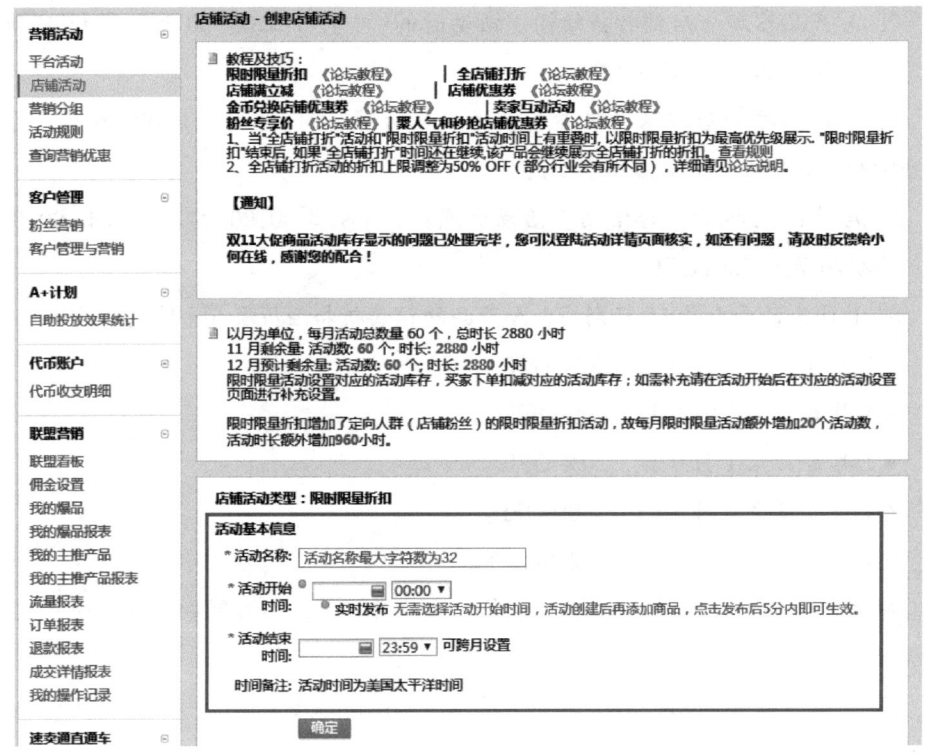

图 3-2　创建店铺活动

③ 活动时间设置完毕后，单击"添加商品"按钮，在打开的页面中选择参加折扣活动的商品，再设置折扣率和限购数量，设置方法如图 3-3～图 3-5 所示。

④ 设置完毕的活动会显示 4 种状态：未开始、等待展示（6 小时后）、展示中、已结束，如图 3-6 所示。

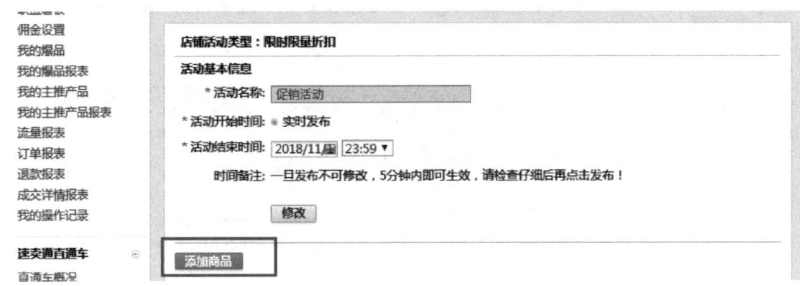

图 3-3　添加商品

任务 3 跨境营销——店铺营销

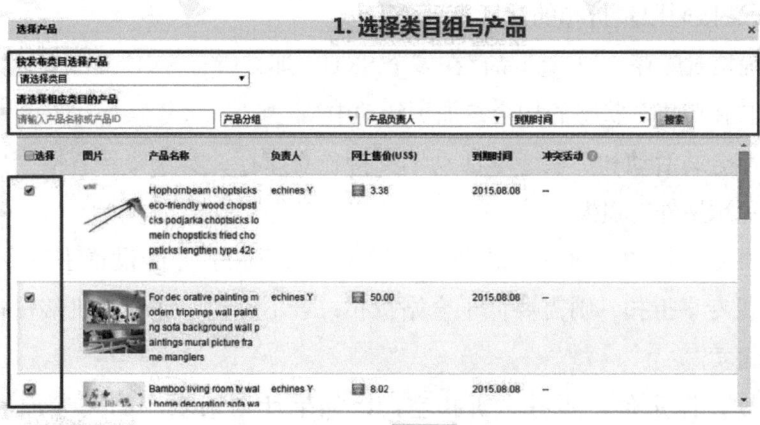

图 3-4 选择商品

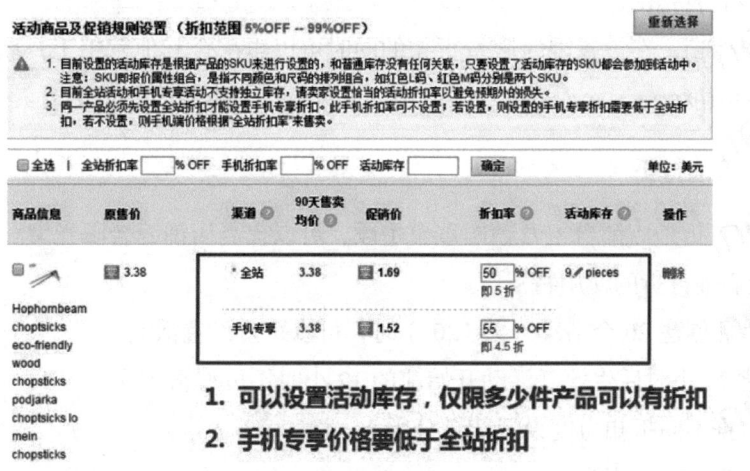

图 3-5 设置库存

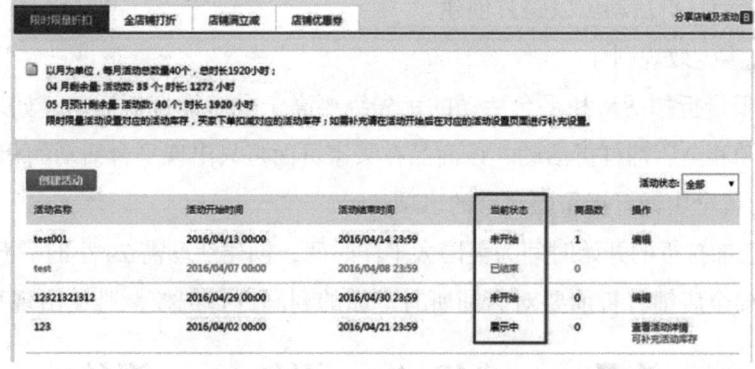

图 3-6 活动状态

4）设置限时限量折扣的注意事项

• 准确核对库存。如果商品存在多个 SKU，那么所有 SKU 商品普通库存量非零且处于"在销售"状态的均会参加到活动中。

• 目前全站活动和手机专享活动不支持独立库存，卖家要设置恰当的活动折扣率以避免预期外的损失。

• 手机专享折扣。同一产品必须先设置全站折扣后才能设置手机专享折扣，若设置手机专享折扣，则需要低于全站折扣；若不设置，那么手机端价格根据全站折扣率售卖。

• 前期产品定价，要考虑折扣空间，如果计划某款产品要参加活动进行 50%OFF 折扣，那么在初次上传产品定价时要预先留好折扣空间。

• 产品分组。上传产品时把所有准备参加活动的产品放到一个分组中，方便以后按组设置营销活动。

• 联合营销。在设置限时限量折扣的同时可以再配合其他营销工具联合使用，以增强营销力度。

2. 全店铺打折

全店铺打折是店铺自主营销的重要手段，可以提高店铺综合曝光率。

1）全店铺打折的使用特点

• 每月可创建 20 个活动，共 720 小时，可以跨月设置活动。

• 创建 24 小时后生效，活动开始前的 12 小时不可编辑产品。

• 可根据不同折扣力度设置营销分组。

2）设置和展示规则

• 全店铺打折活动需要提前 2 小时创建。

• 全店铺打折活动可以跨月创建。

3）优惠生效规则

限时限量折扣活动和平台活动的优先级要高于全店铺打折活动，如果同时参加平台活动和全店铺打折活动，该商品在买家页面将只出现平台活动的相关信息。

4）设置全店铺打折需要注意的事项

• 全店铺打折的开始时间为美国太平洋时间，创建活动需 24 小时后开始。

• 参加全店铺打折前要对店铺所有产品的利润进行把控，避免出现某款产品亏本销售。

• 提前做好活动计划，当活动处于"等待展示"状态时，不能再修改活动信息，所以要提前做好计划再操作。

5）营销分组的设置

营销分组可以帮助卖家有效控制店铺所有产品的折扣力度，建议卖家设置营销分组时把可承受相同折扣率的产品放在同一个组中，以后设置全店铺打折时就能清楚折扣率控制在多少折扣上。营销分组设置步骤为：首先打开"营销活动"→"店铺活动"→"全店铺打折"页面，单击"新建分组"按钮，如图3-7所示。

图 3-7　营销分组

进入营销分组设置页面后，先对每个产品的利润度进行整体核算，清楚每个产品最高能打多少折扣、利润有多少。这是一个已经做好了营销分组的店铺，从中可以看到，折扣相同的产品统一归在一个组中。

例如，"10%discount"组的产品，只有10%的利润度，参加全店铺打折时，这个组的产品最高只能打9折。如果打9.5折，那么卖家就有0.5折的利润。这样就可以清晰地把控全店铺的利润。对于"营销分组"内产品的管理，需要熟悉"添加产品""移出分组"和"调整分组"功能。

● 添加产品：如果想将更多相同折扣的产品添加到同一个组中，就可以使用这个功能。

● 移出分组：把产品移出原来的组，移出去之后，系统会默认放到"Others"组中，所以参加全店铺打折时，要特别注意"Others"组的折扣设置。

● 调整分组：某个组的产品想调整到其他组中，可以用这个功能。

卖家做好营销分组之后，就可以操作全店铺打折了。首先打开"营销活动"→"店铺活动"→"全店铺打折"页面，单击"创建活动"按钮，如图3-8所示。

创建活动之后，卖家进入"全店铺打折"页面，如图3-9所示，其主要由"活动基本信息"和"活动商品及促销规则"两大板块构成。活动基本信息由活动名称、活动开始时间和活动结束时间组成。

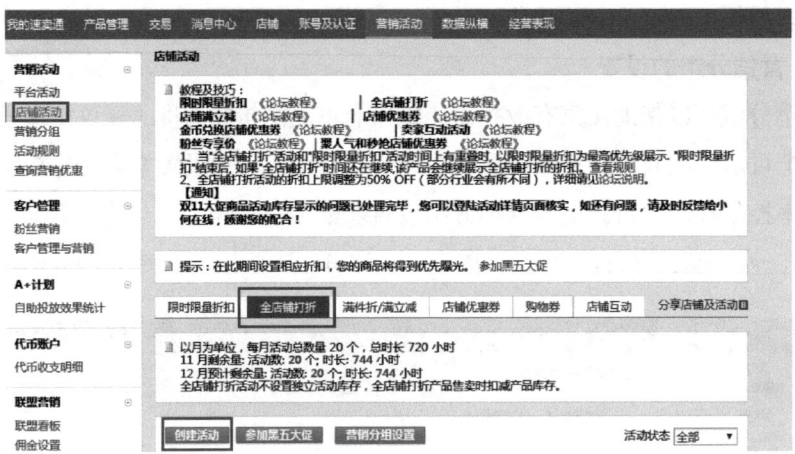

图 3-8　创建活动

图 3-9　"全店铺打折"页面

- 命名：要给活动起个一目了然的活动名称，例如，"月底大促销"，方便卖家后续观察。
- 周期：活动开始时间和活动结束时间，由于全店铺打折的力度比较大，全店铺打折时间不宜设置过长，建议持续时间为 3 天以内。
- "Others"组：不在分组中的产品全都默认放进这个组中，卖家在"Others"组中设置打折时，要仔细观察这个组中的产品。
- 结合客户管理进行营销：先进行客户分析，有针对性地通知目标客户，给客户发送营销邮件，如果营销邮件不够用，则可以借用第三方工具，向目标客户发出通知。

- 推广：在全店铺打折期间，最好能 24 小时进行直通车推广，通过直通车引进新客户，客户进入卖家店铺之后，发现其中的产品都在打折，很多客户都会顺带买一些其他产品，这样就提高了店铺的客单价。

3. 店铺满立减

店铺满立减活动的主要作用是提高客单价和关联产品转化率。

1）店铺满立减的使用特点

- 每个月可创建 10 个活动，共 720 小时。
- 不能跨月设置店铺满立减活动，但隔月活动可以叠加使用。
- 活动设置后 24 小时生效。
- 可以设置多梯度店铺满立减活动。
- 可以针对部分和所有商品来设置活动范围。

2）设置和展示规则

- 全店铺满立减活动需要提前 2 小时创建。
- 全店铺满立减活动的开始时间和结束时间必须在同一个月内。
- 全店铺满立减活动在开始前 12 小时内，都处于"等待展示"状态。若商品处于"等待展示"和"展示中"状态，则无法再修改活动信息。

3）优惠生效规则

店铺满立减和店铺优惠券活动可同时进行，店铺满立减和店铺优惠券活动可以和任何活动同时进行，折扣商品以折后价（包括运费）计入全店铺满立减、店铺优惠券活动的订单中，产生叠加优惠，更易促进买家下单。

4）如何设置店铺满立减

设置店铺满立减的目的是提高客单价，在设置店铺满立减活动之前应对店铺以往客单价有充分的了解，才能合理设置店铺满立减的折扣力度。了解以往客单价可以通过"数据纵横"→"商铺概况"查找最近 30 天的交易概况。店铺满立减分为"全店铺满立减"和"商品满立减"两种，区别在于参加满立减活动的商品数量，一个是全店铺商品参加，另一个是部分商品参加。

打开"营销活动"→"店铺活动"→"店铺满立减"页面，单击"创建活动"按钮就可以进行全店铺满立减活动的设置了，如图 3-10 所示。

设置店铺满立减活动需要卖家填写"活动基本信息"和"活动商品及促销规则"，如图 3-11 所示。

图 3-10 创建店铺满立减活动

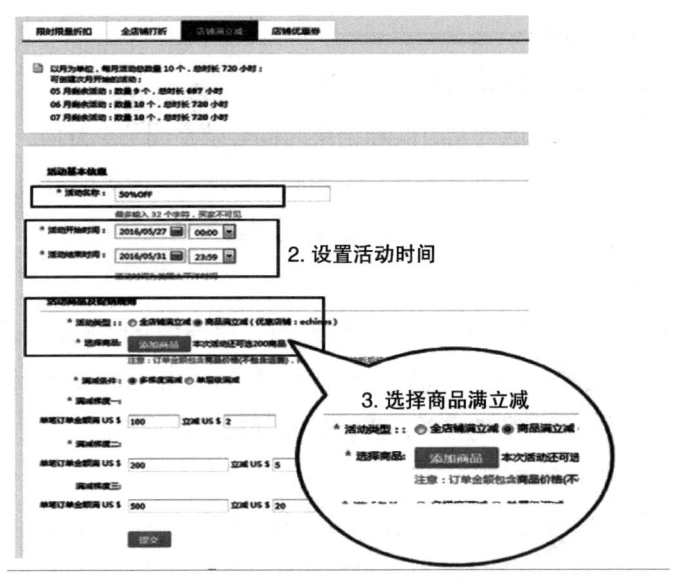

图 3-11 设置店铺满立减

选择活动类型"全店铺满立减"或"商品满立减"。对于全店铺满立减，系统默认选择全店铺的商品；对于商品满立减，需要卖家选择参加活动的商品，每次最多可以添加 200 个商品。对于活动开始时间和结束时间的设置，需要注意：

- 店铺满立减活动的开始时间和结束时间只能在同一个月内。
- 由于系统同步原因，得至少提前 24 小时创建活动。
- 店铺满立减活动最好整个月都要存在，所以月初就应该规划好整个月的满立减活动安排。

4. 店铺优惠券

店铺优惠券活动可以刺激买家下单,为店铺引流。店铺优惠券金额设置比较灵活,可以设置小金额的优惠券,也可以设置使用门槛。国外客户对店铺优惠券有很好的使用习惯,拿到优惠券的顾客有很大比例会把优惠券使用掉。

1)店铺优惠券的使用特点

● 店铺优惠券设置后即时生效(但实际可能会有 1~2 小时延时)。

● 每个月领取型优惠券活动和金币兑换优惠券活动各有 10 个,定向发放型优惠券活动有 20 个。

● 优惠券分有条件优惠券和无条件优惠券。

● 每个订单只能使用一次优惠券。

2)优惠券类型

速卖通后台可以设置 5 种类型的优惠券,不同的优惠券可以达到不同的效果,合理利用能够帮助卖家提升店铺业绩。

(1)领取型优惠券。打开"营销活动"→"店铺活动"→"店铺优惠券"→"领取型优惠券活动"页面,点击"添加优惠券"按钮,进入创建领取型优惠券活动页面,如图 3-12 所示。

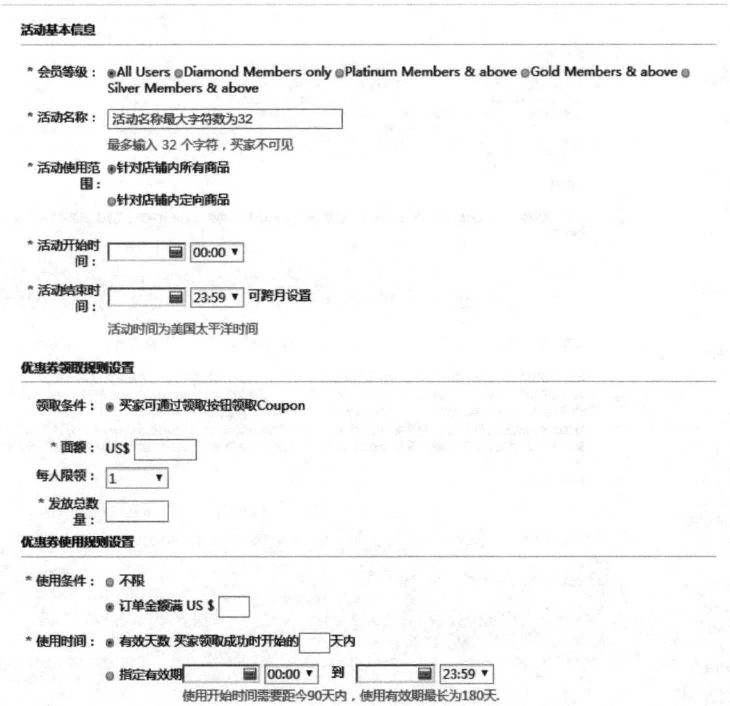

图 3-12 创建领取型优惠券活动

领取型优惠券活动页面由 3 个板块构成：活动基本信息、优惠券领取规则设置和优惠券使用规则设置。

- 面额：比如店铺的客单价为 15.41 美元，为了提高客单价，可以设置满 20 美元就能使用 2 美元的优惠券。当然，如果卖家店铺的利润度可以承受的话，建议多做一些不限条件的优惠券。
- 时间：对于活动开始时间和活动结束时间的设置，如果时间充足的话，建议设置优惠券活动的周期为 7～10 天。
- 使用规则：对于不限条件的优惠券，可以直接选择"不限"。对于需要满足一定条件的优惠券，则填写使用该优惠券需要满足的订单金额。

（2）定向发放型优惠券。凡是与卖家店铺产生过交易、加过购物车、加过 Wish List 的买家，都可以作为定向发放型优惠券的发放对象。打开"营销活动"→"店铺活动"→"店铺优惠券"→"定向发放型优惠券活动"页面，单击"添加优惠券"按钮，进入创建定向发放型优惠券活动页面，如图 3-13 和图 3-14 所示。

发放型优惠券活动相关设置完成后，单击"添加用户发放优惠券"按钮，如图 3-15 所示。

在打开的页面中选择客户确认发放，如图 3-16 所示。

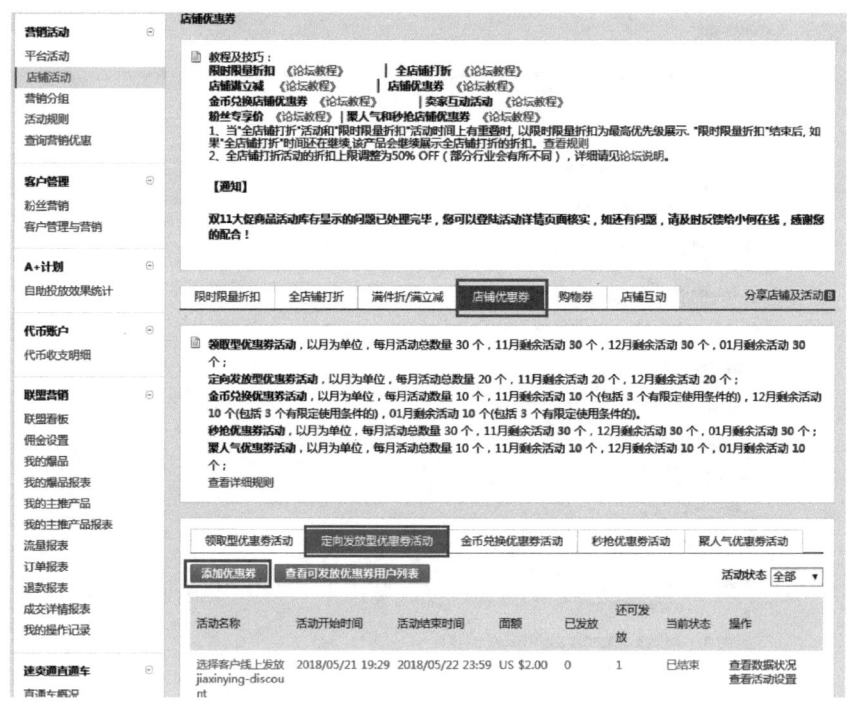

图 3-13　创建定向发放型优惠券活动

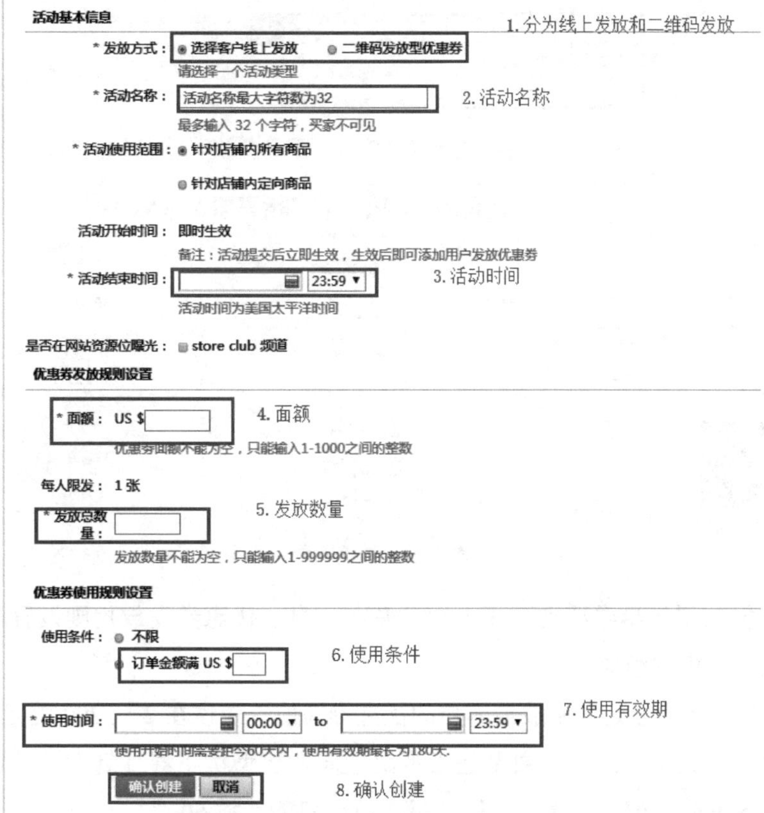

任务 3　跨境营销——店铺营销

图 3-14　定向发放型优惠券活动设置

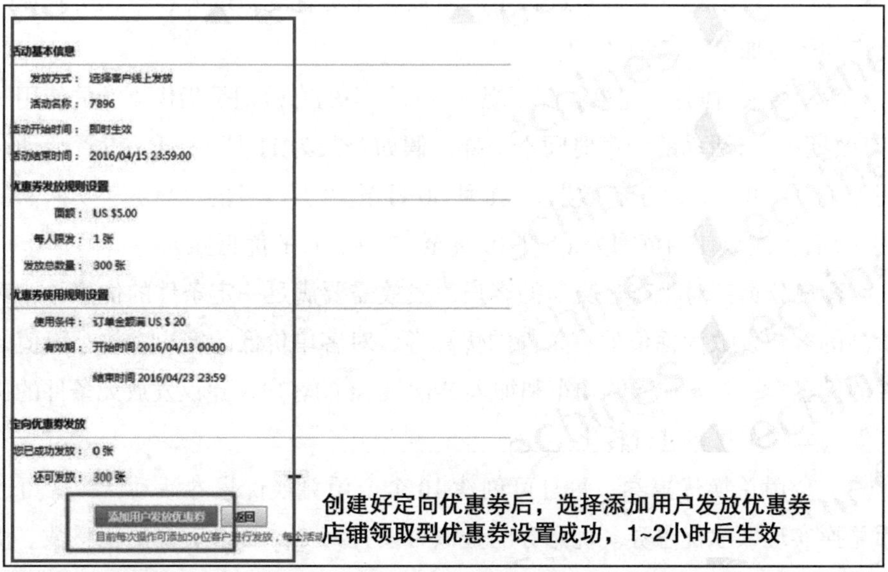

图 3-15　添加用户发放优惠券

图 3-16 选择客户

定向发放型优惠券活动页面由活动基本信息、优惠券发放规则设置和优惠券使用规则设置模块组成。

- 面额：指卖家定向发放给客户的优惠券面值，应该在 2～200 美元之间。
- 发放总数量：发放总数量是指本次定向发放型优惠券计划发放的数量，可以是 1～500 张，但是每次添加用户时，单次只能发放 50 张。
- 使用时间：建议有效期为 7～10 天。
- 客户：可以对意向客户进行定向发放，即所有交易过的客户、所有加购物车客户和所有加 Wish List 客户。
- 活动结束时间："优惠券使用规则设置"中的有效期是指优惠券的使用时间（即有效期），与活动的结束时间不一样。假如今天为 11 月 13 日，设置活动结束时间为 11 月 30 日，对于有效期为 11 月 30 日至 12 月 5 日的优惠券，卖家需要在 11 月 30 日前发放使用范围为 11 月 30 日至 12 月 5 日的优惠券。
- 客户分类：对于有过交易的客户，发放需要满足一定条件的优惠券，对客单价高的客户发放大面值的有条件的优惠券，对客单价低的客户发放小面值的有条件的优惠券；对于加入购物车和加入 Wish List 的客户，建议发放无条件的优惠券，促进购物车订单进行转化。

（3）金币兑换优惠券。每月可创建 10 个金币兑换优惠券活动，顾客可通过金币兑换实现领取优惠券。优惠券的金额可设置为 1～200 美元的正整数。优惠券的金额越高，买家所要花费的金币就越多。一般来说，如果卖家店铺的整体客单价较高,可以设置 2 美元的不限条件使用的金币兑换型优惠券,刺激买家兑换购物。

(4)秒抢优惠券。秒抢优惠券就是通过无使用门槛的大额店铺优惠券来吸引买家到店,它可以帮助卖家维持店铺的买家活跃度。秒抢优惠券只能是不限使用条件的优惠券,且卖家必须报名参加了相关的平台活动,才会在活动中展示这种优惠券,单独设置不会获得任何流量曝光。秒抢优惠券的每个活动只有 10 分钟,优惠券面额为 5 ～ 200 美元,发放数量至少 50 张。

(5)聚人气优惠券。聚人气优惠券就是让买家互相传播,即买家只有让其他买家帮其领取,他才能获得此店铺的优惠券,以此让店铺获得新的流量。

聚人气优惠券的面额为 2 ～ 20 美元,发放数量至少 100 张,不限使用条件。卖家必须报名参加了某些平台活动,设置了这种优惠券后,系统才会将优惠券展示给买家,因此,单独设置此优惠券是无法获得任何曝光的。

3)优惠券信息分析

优惠券信息分析很关键。例如,如图 3-17 所示,这个店铺设置了优惠券(5 美元的),但是发放量是 0,这样是没有任何效果的。卖家应该对优惠券进行分析,找到最适合自己店铺的优惠券类型。

图 3-17　优惠券信息

可以设置多种金额优惠券,根据数据可以看到,在相同时段内,使用哪种优惠券的客户最多，说明这种优惠券很受欢迎，卖家可以考虑多设置这种优惠券；而领取数量最少的优惠券，以后可以减少此类优惠券的设置。

分析优惠券使用状况：单击"查看数据状况"按钮，把优惠券领取张数和使用张数进行对比。例如，一位卖家设置了一种优惠券，客户领取了300多张，但只使用了82张，原因是优惠券的有效期为3天（时间太短了），客户领取后过期无法使用。针对这位卖家的情况给出以下3点建议：

- 把优惠券的有效时间设置为10天。
- 在店铺首页贴出一个优惠券的使用流程公告，因为很多客户还不懂怎么使用优惠券。
- 对于有意向的客户，及时告知。

 3.2 关联营销

关联营销是指在同一个页面中同时推荐了其他同类、同品牌可搭配的关联商品。关联营销可以提升转化率，提高客单价和店铺内产品的曝光率。

1. 产品搭配

关联营销的产品搭配方法有以下几种：

（1）搭配关联。搭配推荐的商品和主推商品可以同时在一个使用场景下使用，比如充电宝和充电线、上衣和裤子。

（2）替代关联。搭配推荐的商品可以替代主推商品，通常在同一个使用场景下只能选其，比如长裙和短裙、红色T恤和白色T恤。

（3）满足同类需求关联。搭配推荐的商品和主推商品满足同一个消费者的相似需求，如奶瓶和尿不湿、登山鞋和户外帐篷。

图3-18所示的是替代关联的案例，在一个产品详情页中推荐了不同款式的女童裙子。

图 3-18 替代关联产品详情页

2. 关联营销的位置

关联营销可以设置在商品详情页的顶部和尾部。商品详情页的顶部通常会设置主力推荐的关联营销,为了提高关联营销的转化率,还可以设置购买套餐的优惠政策。商品详情页的尾部通常会设置替代关联的商品,用来挽留看完详情页后未产生购买行为的消费者。

为了使关联营销效果更优,在设置时应突出主推商品,选择搭配套餐可以满足消费者的某种特定需求,比如:套餐购买更优惠。可以多测试几款搭配商品,从数据中判断如何搭配可以最大化地提高转化率。

 橱窗推荐

速卖通橱窗位通过增加产品的排序分值来提高其曝光度,在同等条件下橱窗

产品比非橱窗产品排名靠前。速卖通的橱窗没有特定的展示位置，只是平台根据卖家店铺的等级奖励给卖家的一个增加产品曝光量的资源。图 3-19 所示的是店铺等级和橱窗位的关系。

奖励资源	优秀	良好	及格	不及格	成长期
橱窗推荐数	3个	1个	无	无	无
搜索排序曝光	曝光优先+特殊标识	曝光优先	正常	曝光靠后	正常
提前放款特权	有机会享受最高放款比例	无法享受最高放款比例	无法享受最高放款比例	无法享受最高放款比例	无法享受最高放款比例
平台活动	优先参加	允许参加	允许参加	不允许参加	允许参加
营销邮件数	500	200	100	无	100

图 3-19　店铺等级和橱窗位的关系

要增加橱窗位，首先就要提高卖家服务等级，也就是减少店铺的不良体验订单和增加店铺的好评率。

橱窗推荐营销的方法如下。

首先打开速卖通后台，在"店铺动态中心"中显示了橱窗推荐可使用的数量，如图 3-20 所示。

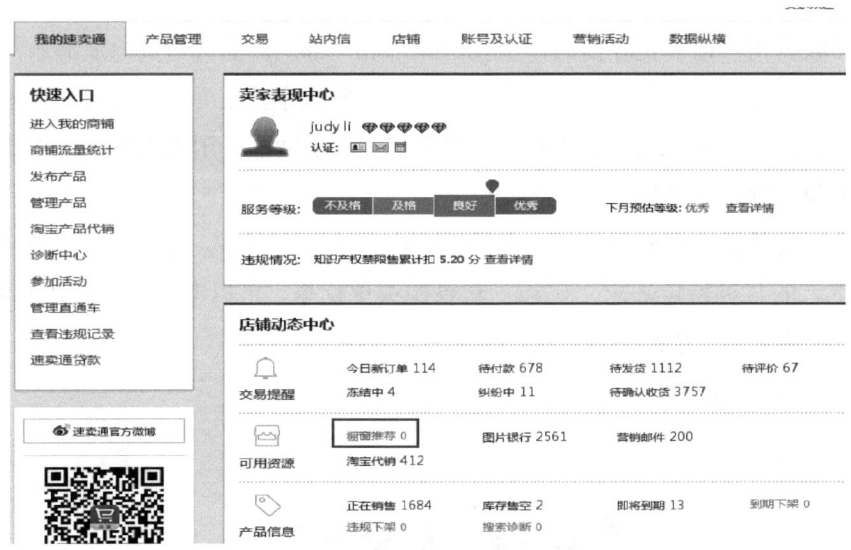

图 3-20　橱窗推荐可使用的数量

在有橱窗推荐可使用的情况下，可以打开"产品管理"→"管理产品"页面，单击"其他批量操作"→"橱窗推荐"选项，如图 3-21 所示。

任务 3　跨境营销——店铺营销

图 3-21　橱窗推荐

合理利用橱窗推荐，选择最有竞争力的商品进行橱窗推荐。橱窗推荐位可以用来推新款、打造爆款和活动款，在使用的过程中应该不断观察数据，淘汰转化率不高的商品，使橱窗推荐效果最优。

 客户关系营销

客户关系管理（Customer Relationship Management，CRM）可以有效地帮助企业了解客户需求，提升客户黏性，稳定销售业绩，降低营销成本，提升客户体验，提高店铺等级，是最好的营销方式。

1. 速卖通后台客户管理

进入"营销活动"→"客户管理与营销"→"客户管理"页面，如图 3-22 所示。

在"所有客户"中可以看到店铺成立以来所有的客户。通过"客户类型"的筛选可以区分"已交易"的客户、"加购物车"的客户、"加收藏夹"的客户，如图 3-23 所示。

图 3-22 速卖通后台客户管理

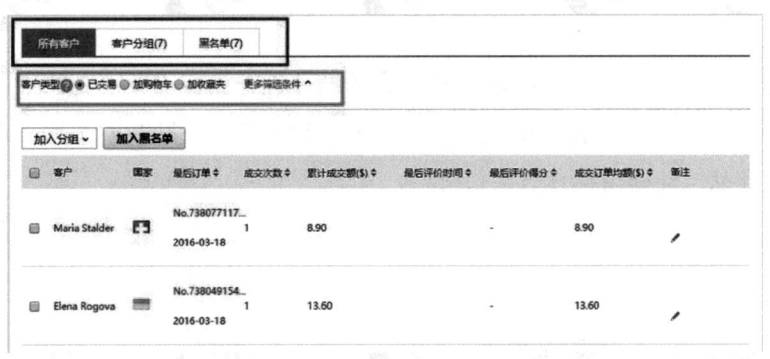

图 3-23 客户类型

在"客户分组"中卖家可以针对自己的营销策略,对客户进行不同维度的分组,常见的分组方式有:按照国家分组、按照语言分组、按照下单金额分组、按照买家等级分组。

2. 主要营销方式

速卖通平台客户关系营销主要有两种方式:邮件营销和定向优惠券营销。

邮件营销(E-mail Direct Marketing,EDM),将活动信息通过邮件发送给客户,适用于节假日营销、大促营销、推爆款、清库存。定向优惠券营销,通常用在大促期间,对于提升转化率效果明显。

进入"营销活动"→"客户管理与营销"→"客户营销"页面,有"邮件营销"和"定向优惠券营销"两种营销方式可以选择。在此新建营销邮件或定向优惠券,再选择目标客户,即可定向发送营销内容,如图 3-24 所示。

任务 3　跨境营销——店铺营销

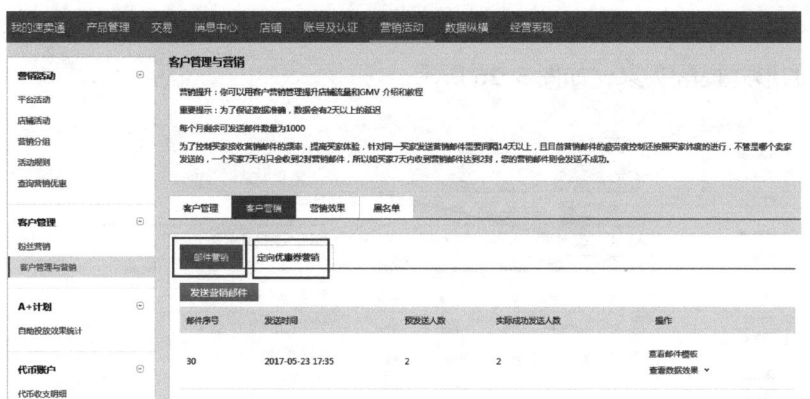

图 3-24　两种营销方式

 3.5　实时营销

实时营销可以随时观察客户动向、及时与客户互动、提高转化率和客户黏度。实时营销具体操作如下。

进入"数据纵横"→"实时营销"页面，可以观察到实时访客的信息，包括访客 ID、会员等级、访客类型、访客行为、首访时间、浏览量、添加收藏次数、添加购物车次数、下单订单数、下单金额等，如图 3-25 所示。

图 3-25　实时营销数据

针对实时客户有两种营销方式："一键催付"和"定时定向优惠券"。对于已下单未付款的客户,可以使用"一键催付"功能,催付信息会在买家下单时以订单留言的形式提醒买家,如图3-26所示。

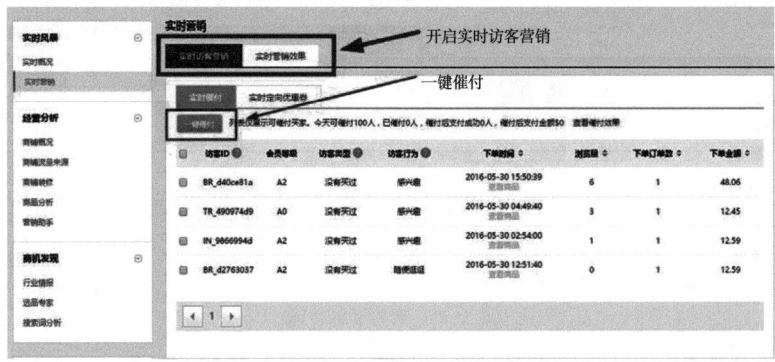

图3-26 一键催付

对于已加收藏夹的客户,可以使用"定时定向优惠券"功能催促买家下单,如图3-27所示。

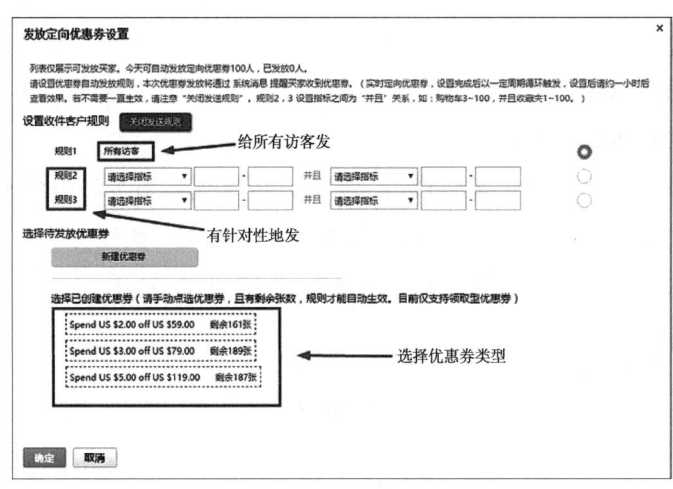

图3-27 定时定向优惠券

拓展与思考

限时限量折扣和全店铺打折在使用方面有哪些不同?

任务实施提示

速卖通的营销活动有店铺的自主营销,比如:限时限量折扣、全店铺打折、店铺优惠券、店铺满立减活动；还有其他的营销活动，比如：联盟营销推广、直通车推广等。创建促销活动是电商卖家拓客引流，提升销量的关键战术之一。熟练掌握速卖通营销推广方面的基础运营技能，并且根据自己店铺的实际情况采取恰当的店铺营销活动。

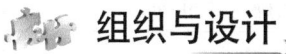

组织与设计

以小组为单位结合即将到来的黑色星期五，为本小组的店铺开展适当的店铺营销活动。

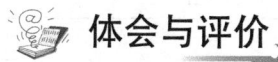

体会与评价

1. 评价标准

选择活动的方式是否合理。

2. 评价方法

学生讨论与教师点评相结合。

3. 反思与体会

你认为本任务最有价值的内容是什么？

任务部署

按照下面任务单的要求，完成学习。

任务3　任务单

任务名称	开展店铺营销活动	任务编号	3
任务说明	一、任务要求 以小组为单位，结合即将到来的黑色星期五，为本小组的店铺开展适当的店铺营销活动 二、任务实施所需的知识 • 跨境平台各种店铺活动的类型 • 跨境平台各种店铺活动开展的方式		
任务内容	• 选择恰当的店铺活动 • 完成该活动的发布		

续表

任务实施	一、确定选择活动所需信息
	二、小组成员分工 说明：按照完成任务所需的范围进行职责分配，分工明确，各司其职
	三、信息的收集 说明：利用网络工具搜集相关信息，包括教材、网站及其他网络渠道
	四、调查资料的整理、分析 说明：对收集到的信息通过分析整理，选择合适的版本作为参考
	五、活动发布

任务考核

任务考核表

任务名称：

专业班级：

第　小组　小组成员（学号、姓名）：

任务3　考核表

考核项目		分值	自评	备注
信息收集				

续表

考核项目	分值	自评	备注
任务实施			
小计	100		
其他考核			

考核人员	分值	评分	备注
教师			建议以积极的心态评价学生，要注意沟通方式与方法，提高学生的自信心，有利于学生成长与未来发展
小组互评			主要从知识掌握、小组活动参与度、贡献度及纪律遵守等方面给予中肯的评价
总评			总评成绩=自评成绩×40%+指导教师评价×35%+小组评价×25%

拓展案例

速卖通"双11"的营销，大卖家是如何"卡位"的？

你是否会好奇，同样的产品卖同样的价格，为什么大卖家就能卖爆，你却出不了单？你是否会好奇，为什么大卖家总能抓住所有机会并且避开风险？想知道你眼中带"神秘光环"的大卖家在速卖通"双11"期间是如何做营销的吗？就让青岛斯科贝电子商务有限公司总经理郑雅乾告诉你吧！

备战"双11"，或许赢在"黄金十月"

"'双11'的营销活动，其实到现在这个时间节点，能做的事情基本上已经微乎其微了，我们的营销准备主要是从10月份开始的，从10月1日到10月31日。整个10月份我们的工作重心都在这件事上。基本的思路为：'双11'期间，流量跟日常的流量是不同的，'双11'期间的流量转化率一般是日常流量的5到10倍，一个产品平常的转化率是2%的话，'双11'期间的转化率可能达到20%。"

"卡位"操作，抢占绝佳引流位置

对于"双11"，郑雅乾有一个自己的小秘诀！他表示："'双11'的流量是非常宝贵的，为了让店铺有更好的表现，除了参加活动，我们会有目的地安排一些产品进行一个'卡位'操作。"

"比如，一个较新的产品，如果觉得它的深度值得挖，我们将会在整个十月份针对这个产品开展非常多的活动，价格可能会压得非常低，只是为了把这个产品的位置卡在上面。等到了10月底，大概是10月30日、31日的时候，我们会希望这款产品能进入到第一页、第二页上。这时，即使这个产品没有参加活动，但是到了'双11'时，它差不多就已经在这个位置，当流量大增的时候，它会有一个更好的表现，而我们公司整个10月份都是在做这么一个卡位操作。"

不放过任何一个获取高转化流量的机会

郑雅乾表示，到了11月初的时候，做"卡位"的产品，其排名基本上就已经稳定下来了，卖家在整个10月份里重点去推广的产品，如果它的转化率还比较好，能够卡在前三页的话，就可以认为它在"双11"当天有可能会享受更多的这种高转化的流量。

"排在前面的能享受到这种高转化流量的产品越多，到'双11'的时候店铺承担的流量就会越多。"他说。

最后，郑雅乾提醒卖家，其实，"双11"时不一定非要把注意力放在平台活动上，当然平台活动能参加最好，但还是有很多其他的流量是可以去争一争的，特别是自然流量。

（资料来源：速卖通"双11"的营销，大卖家是如何"卡位"的？［2016-11-11］.https：//www.cifnews.com/article/23050?origin=guoyuan）

练习与思考

全球速卖通的买家主要集中在哪些国家和地区？

任务4

跨境营销——平台活动

📖 任务描述

以小组为单位,每个小组为本组的店铺开展平台活动。

✉ 任务要求

- 掌握速卖通平台活动特点。
- 掌握速卖通开展平台活动的方式。

🔍 任务目标

通过本任务的学习,学生应具备开展平台活动的能力。

🎁 案 例

在4年一次的世界杯期间,跨境电子商务平台"全球速卖通"也将推出一系列营销计划,帮助中国卖家在这4年一度的世界杯足球大赛期间能够赚得盆满钵满。

不过,在竞争激烈的当下,速卖通卖家该如何才能有资格参加此次活动,并且从中脱颖而出呢?

思考:(1)为什么要结合世界杯去进行营销推广?

(2)对于速卖通的卖家来说,这个案例给予你什么启发?

平台活动是指由平台组织、卖家参与的主题营销活动，以促进销售为主要目的。通常在运动期间买家流量和下单数量会显著升高，参加活动的卖家在活动期间订单量会激增。在短期内订单量大幅上涨通常称为"爆单"。平台作为活动组织方会对参与的卖家和商品有一定的要求，符合要求的卖家可以自主选择报名，在有大量卖家报名的情况下平台会筛选出部分卖家参与。下面主要介绍速卖通平台的大促活动和参与方式。

相关知识

 主要平台活动

速卖通平台活动是一个帮助卖家快速提高商品曝光度、快速增加商品点击率、快速出单的有利渠道，堪称引流利器。因此，对于卖家来说，参加速卖通平台活动是非常有必要的。

目前，速卖通平台活动一般分为国家站团购、秒杀、行业热销品和新品、应季主题活动等。不同的活动设有不同的参与要求，所实现的效果也会有所不同。下面介绍国家站团购、应季主题活动和秒杀。

1. 国家站团购

针对主要国家市场，速卖通平台开放单独的国家站团购页面，如俄罗斯团购、巴西团购。针对单一国家的团购活动是卖家打开这个国家市场的"敲门砖"。

俄罗斯团购严禁提价销售，团购商品要求一口价。如果商品折扣力度大，库存多，在考核时，平台会优先考虑。

例如，参加俄罗斯团购，选品要体现出商品的优势，主要表现在商品的历史成交量、好评率、日均销量等方面，可以参考以下几个标准：①选择爆款品类且近期俄语系销量多的商品。②商品热销价格在1.5~20美元为宜。③选择的商品一定要有品牌。④尽量选择单属性的库存量单位（Stock Keeping Unit，SKU）。⑤商品的折扣力度大，从报名至活动结束前都不能出现价格低于或等于报名活动

价格的情况。⑥最好不要选择首页评价中有两个差评的商品。⑦平台对商品有疲劳度控制，不要重复报名。

卖家可以通过俄罗斯团购官网进入对应的品类查看每期活动都有哪些商品，了解平台会选什么样的商品上俄罗斯团购，帮助自己选品。

2. 应季主题活动

对于周年庆及其他各种节日、活动庆典，速卖通都会推出相应的主题活动。

1）"3·28"周年大促

每年的3月28日速卖通都要举行周年庆大型促销活动，活动力度堪比"双11"活动。作为仅次于天猫"双11"的大型促销活动，每次举办都将为卖家输送海量流量，帮助卖家实现显著的单量提升。

"3·28"周年大促通常持续3天时间，从3月28日至3月31日。参与"3·28"周年大促的卖家必须进行持续3天时间的全店铺打折活动。"3·28"周年大促的活动形式包括店铺优惠券、预售时段和正式活动时段。

2）"双11"大促

"双11"大促已经从中国网购狂欢节走向世界网购狂欢节，在"双11"期间速卖通向全球买家进行大促活动。

2018年的全球速卖通"双11"从悉尼时间11月11日的0点（中国时间11月10日21：00）正式开卖，到11月12日23：59分（中国时间11月12日20：59）结束，总共48小时，首次覆盖全球所有时区。

2018年速卖通"双11"期间累计有230多个国家和地区的消费者通过速卖通参与购物狂欢，近1/3国家和地区的买家数实现翻番^①。

在"双11"活动正式开始前期的预热阶段，平台邀请了俄罗斯、美国、西班牙等国家的网络名人进行直播导购，与粉丝互动，为各大品牌和商品进行前期预热。

3. 秒杀

为了提高曝光率，速卖通将无线抢购和 Super Deal 合并，推出秒杀（Fresh Deal）。Fresh Deal 是全站唯一能上首页曝光的活动，每周二招商，适合打造爆款。根据不同品类，要求价格为30天最低价，店铺具备企业身份，90天好评率大于

---

① 注：数据来源：速卖通2018年"双11"官方数据出炉：1小时199个国家和地区的买家下单［2018-11-16 16：20］. http：//www.sohu.com/a/275892741_100196087.

或等于95%，全球免邮。

　　Fresh Deal 在速卖通买家首页有明显的入口，是打造爆款的利器，如图 4-1 所示。

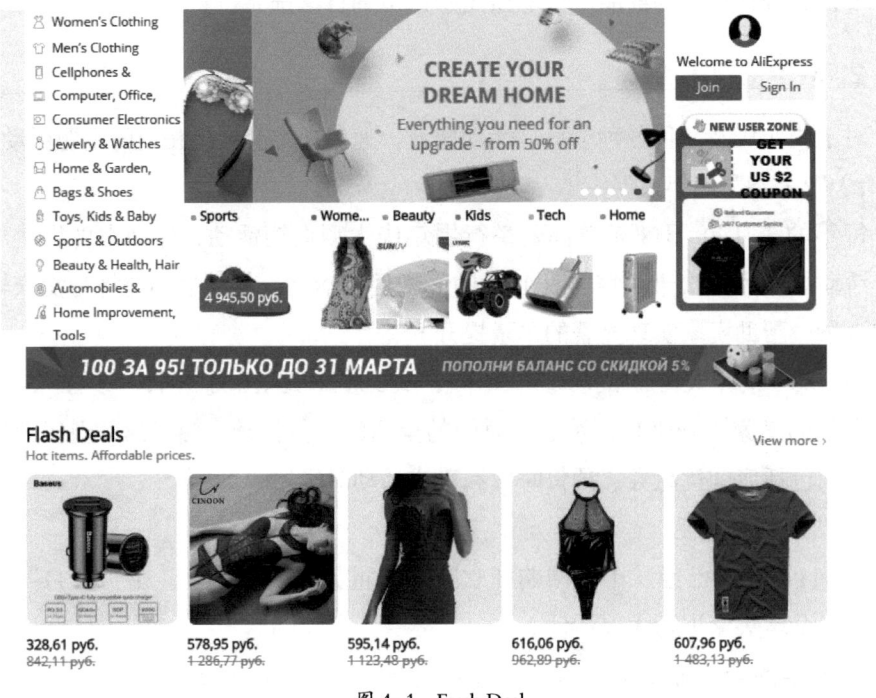

图 4-1　Fresh Deal

4.2　卖家的大促计划

　　平台大促对卖家来说是最佳销售期，要抓住大促机会，实现店铺跨越式增长，卖家需要从以下 4 个方面着手。

　　第一，对全店商品清晰分层，如图 4-2 所示。

　　在大促中，对店铺引流款商品和主推款商品的选择很重要。引流款多为店铺内有竞争力的爆款，以此爆款的超低价去吸引买家进店，通常对这个爆款可报名参加大促的秒杀活动，或者主会场 5 折精品活动。

　　主推款是店铺主推的应季商品，折扣在 30%OFF 左右，需要有竞争力、有差异性且价格吸引人,能够将引流款引入的流量更好地在店内转化。

引流款和主推款商品数量有限,仍有部分无法转化的买家在店铺内浏览其他商品。所以除了引流款和主推款,还需要店铺整体传递给买家强烈的促销感受,通过店铺内其他商品的促销来刺激买家,卖家可以对店铺内其他商品都做一个小折扣,例如,15% OFF,再通过全店铺打折来实现。

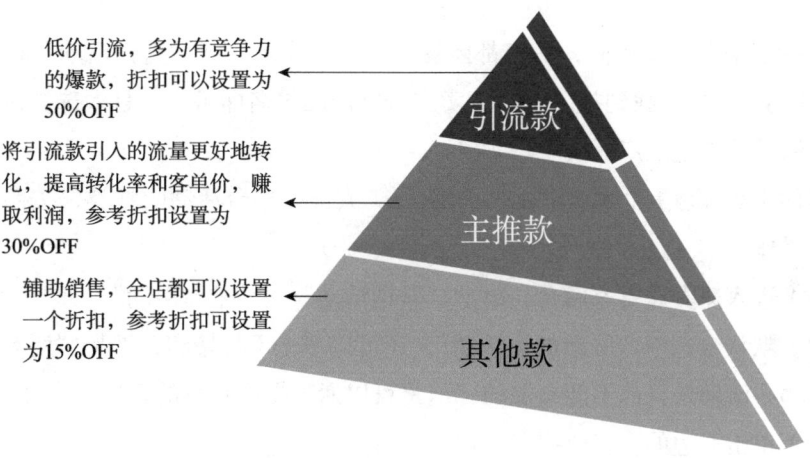

图 4-2　全店商品分层

第二,商品信息优化很重要。

促销、商品卖点等信息要体现在商品标题中,商品关键属性要填写完整。在大促中,有很多活动是通过系统抓取的方式来提取全店商品,展示到相关页面的,所以完善标题中的信息是非常重要的。

商品信息的优化还需要关注单个商品页面的产能,店铺内的商品必须做好关联销售和交叉推荐,将访问商品详情页面的流量尽可能转化成订单。

第三,挖掘老客户,提升交易额。

维护老客户的成本远低于开发新客户的成本,每个店铺都应该做好老客户的维护工作。每次大促活动都是唤回老客户的最好时机,将店铺优惠信息发给老客户,结合平台的优惠政策提前通知老客户,甚至给老客户提供额外的优惠,都可以有效地挖掘老客户的价值。

第四,配合大促信息做好店铺装修。

大促活动期间的设计元素结合店铺的优惠政策和商品信息是常用的店铺装修方法,简单、有效。

 4.3 活动报名流程

每一期平台活动招商，卖家都能够在速卖通卖家后台"营销活动"板块下的"平台活动"栏目中找到报名入口。卖家选择产品报名即可，一旦入选，该产品将出现在活动的指定推广板块中。

具体报名流程是，根据图4-3所示，买家选择平台活动的种类，按照以下步骤进行操作。

（1）进入速卖通卖家后台，单击"营销活动"→"平台活动"。

（2）默认会选中"可参加的活动"，还可以单击下拉按钮，选择"所有活动"，看看有哪些活动是目前不能参加的，但是可以通过提高自身的条件来参加。

（3）单击右边的"我要报名"按钮即可。

图4-3 平台活动报名

选好平台活动种类之后，单击"选择产品"按钮，通过类目的选择来浏览可以参选的产品，要结合自身的优势选择最优产品报名。

完成报名后可以查看所有已经报名的平台活动。有些活动在报名之后，产品被锁定之前是允许修改库存和折扣等数据的，有些活动则不行，具体看活动类型和要求。平台活动在报名之后，需要等待审核。不管是否入选，速卖通平台都会发邮件通知，要记得随时查看邮箱。

拓展与思考

各大主流跨境电商平台都有哪些官方营销活动？

任务实施提示

为了提高营业额，平台促销活动绝对是商家的必修课。那么，如何避免赔本做营销，又好又轻松地"搞事"？"成也活动，败也活动"。超低价格、超高优惠，带给商家的，可能是排名、单量的暴涨，也可能是亏损经营。那么如何做活动，才能既吸引顾客，又能保证盈利呢？

各种活动形式效果不同，为了更好地达到营业目标，在选择活动形式时，应当有所侧重。商家可以根据店面情况设置自建活动，吸引用户下单。平台活动资源丰富，能够带来巨大的曝光量，参与平台活动需要商家在后台报名，且要满足平台规定的条件。

组织与设计

以小组为单位结合即将到来的黑色星期五，为本小组的店铺开展适当的平台营销活动。

体会与评价

1. 评价标准

选择活动的方式是否合理。

2. 评价方法

学生讨论与教师点评相结合。

3. 反思与体会

你认为本任务最有价值的内容是什么？

任务部署

按照下面任务单的要求，完成学习。

任务4 任务单

任务名称	开展平台促销活动	任务编号	4
任务说明	一、任务要求 以小组为单位，结合即将到来的黑色星期五，为本小组的店铺选择适当的平台促销活动 二、任务实施所需的知识 • 跨境平台常见官方活动 • 参加官方活动的方式		
任务内容	• 选择恰当的平台活动 • 完成该活动的报名		
任务实施	一、确定选择活动所需信息 二、小组成员分工 说明：按照完成任务所需的范围进行职责分配，分工明确，各司其职 三、信息的收集 说明：利用网络工具搜集相关信息，包括教材、网站及其他网络渠道 四、调查资料的整理、分析 说明：对收集到的信息通过分析整理，选择合适的版本作为参考 五、活动报名		

任务考核

任务考核表

任务名称：

专业班级：

第　小组　小组成员（学号、姓名）：

任务4　考核表

考核项目		分值	自评	备注
信息收集				
任务实施				
小计		100		
其他考核				

考核人员	分值	评分	备注
教师			建议以积极的心态评价学生，要注意沟通方式与方法，提高学生的自信心，有利于学生成长与未来发展
小组互评			主要从知识掌握、小组活动参与度、贡献度以及纪律遵守等方面给予中肯的评价
总评			总评成绩＝自评成绩×40%+指导教师评价×35%+小组评价×25%

拓展案例

为什么不能报名速卖通平台活动？速卖通平台活动报名规则

对于各大电商平台的卖家来说，参加平台促销活动是非常有必要的，平台促销活动堪称引流利器。下面重点来看看速卖通平台活动报名规则。

1. 不能报名速卖通平台活动的原因

可以登录"营销中心"→"平台活动"，在平台活动报名下方的下拉框中选择"所有活动"，单击"不符合资质原因"，即可查看对应活动不能报名的原因。

如图4-4所示，"不能报名"的原因为：类目要求不符合。

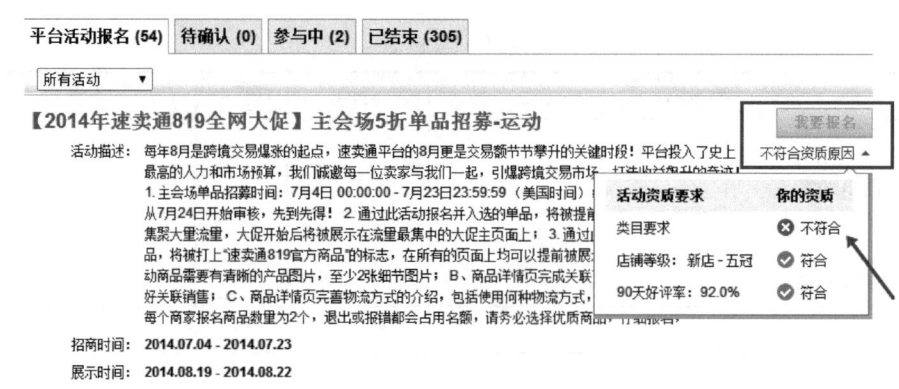

图4-4　不符合资质原因

2. 速卖通平台活动报名规则

不同的活动，参加的条件会略有不同，登录平台活动报名的详情页面即可查看到对应的活动要求，如渠道要求、价格门槛、支付时限、商品条件及图片要求等，如图4-5所示。

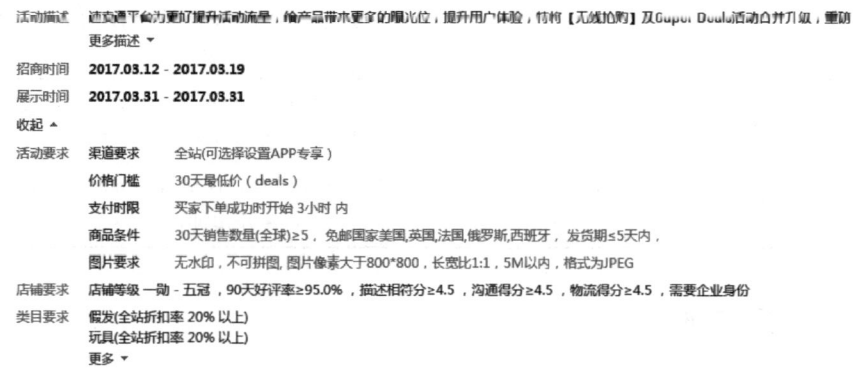

图4-5　速卖通平台活动报名规则

提示：登录"我的速卖通"，依次单击"营销活动"→"平台活动"可以查看每个活动报名的条件，有合适的活动可以报名参加，具体情况请以活动信息为准。

（资料来源：为什么不能报名速卖通平台活动？速卖通平台活动报名规则。[2017-10-10]. http：//www.cifnews.com/article/29369）

 练习与思考

想要让活动吸引用户，就需要设置让所有用户都能用到的活动。如何巧妙地结合平台大促和店铺活动以达到这一效果？

任务5

跨境营销——付费推广

📖 任务描述

以小组为单位,每个小组为本组的店铺开展付费推广。

✉️ 任务要求

- 掌握速卖通直通车的推广原理。
- 掌握速卖通直通车的推广方式。

📖 任务目标

通过本任务的学习,学生应具备开展付费推广的能力。

🎁 案 例

王明早就听人说跨境电商"三分选品、七分运营",他也非常重视店铺运营,所以尽管并不了解付费推广的相关细节内容,他仍然是早早地就准备了相当一部分预算,利用速卖通的直通车进行站内引流。而实际运作的过程中细节之处的"漏洞"却不容乐观。频发的广告成本超支、投放结果收效甚微等现状,让他心有余悸。

思考:(1)请帮助王明诊断,他的付费推广可能是在什么地方出现了问题?

(2)是不是我们的付费越多、广告费投入越大,意味着跨境电商就能做得越好呢?

与搜索引擎营销和社交媒体营销相比，站内付费营销是最直接的营销方式。借助站内付费营销，卖家的产品可以得到最直接的展示，且展现位置多样化，帮助卖家广泛引流。各大电商平台均有不同的站内付费营销方式。速卖通的付费广告主要指的是直通车。本任务就以速卖通的直通车为例，来介绍站内付费推广。

相关知识

5.1 直通车的特点

速卖通直通车是阿里巴巴全球速卖通平台会员通过自主设置多维关键词，免费展示产品信息，通过大量曝光产品来吸引潜在买家的网络推广方式。直通车是一种按效果付费的广告，简称 P4P（Pay For Performance）。直通车的付费方式是按点击付费，简称 CPC（Cost Per Click）。

速卖通平台的买家购买模式是：搜索关键词→浏览搜索结果页→点击感兴趣的商品进行浏览购买，所以说商品是否能展示在搜索结果页靠前的位置直接影响商品的点击率。直通车通过竞价排名让卖家商品可以展示在搜索结果页靠前的位置。卖家通过有竞争力的出价使自己的商品展示在页面靠前的位置，展示不需要付费，当买家点击该商品时卖家需要支付广告费。直通车的优势主要有关键词海量选择、多维度曝光商品、全面覆盖潜在买家三个方面。

竞价排名即通过竞争出价的方式获得网站的有利排名位置，达到高曝光、高流量的目的。竞价排名的基本原理是，卖家选择一批和产品相关的关键词，并对这些关键词进行出价。

买家搜索该关键词时，出价高的卖家商品即被展现在直通车推广位置上。搜索的结果会和单纯的出价高低有所区别。

直通车推广有以下 3 个优点。

（1）新品可快速曝光。对于新上线的商品，由于没有很好的销售记录，很难有机会被展示在搜索结果靠前的位置，通过直通车可以快速获取大量的曝光和增加销售机会，为以后的营销打好基础。关键词投放会将你的商品带到搜索结果页面的右侧，以及搜索结果页面下方的位置。同时商品推荐投放功能，也会将你的商品带到行业首页商品推荐位置，以及商品详情页面下方的推荐位置。这些位置都是平台上最能吸引买家眼球的位置，而且这些位置每一页都有。

也就是说，直通车会以海量的多元化展示投放方式，将商品尽可能多地占据速卖通平台最能吸引买家眼球的黄金位置。

（2）精准流量，合理付费。海量的引流，曝光是免费的，有了点击才会产生扣费。直通车引入的流量精准，无效流量少，只有产生有效的点击才会计费。恶意点击和重复性人工点击，在计费时会被系统除去。比如，中国地区的点击、重复性的人工点击都是无效的。也就是说卖家收到的必然是具有买家购买意愿的精准点击。另外，平台采用的是有针对性的扣费，关键词出价会在一定程度上消费你的点击花费，但是这个价格只是一次点击付费的最高金额，实际扣费小于或者等于出价金额。

（3）预算可控，自主选择。卖家可以为每个关键词设置单个点击竞价，也可以针对投放时间、投放区域、每日投放预算进行设置，对于直通车广告的投入费用和投放地区可以进行定位。

5.2　直通车规则

1. 直通车推广方式

直通车推广方式分关键词投放和商品推荐投放。

1）关键词投放展示位置

直通车关键词投放的商品会展示在搜索结果页的右侧和底部两个特殊区域内，改版后右侧的特殊展示区域被取消，和自然搜索产品融合在一起。搜索结果页的第一页主搜第12、20、28、36位共4个中国好卖家展示专区；第二页及以后页主搜第8、16、24、32、40位每页共5个主搜推广区，如图5-1所示。

关键词投放的展示位置与"匹配度"和"竞价"两大因素相关，因此，可以人为干预展示位置。

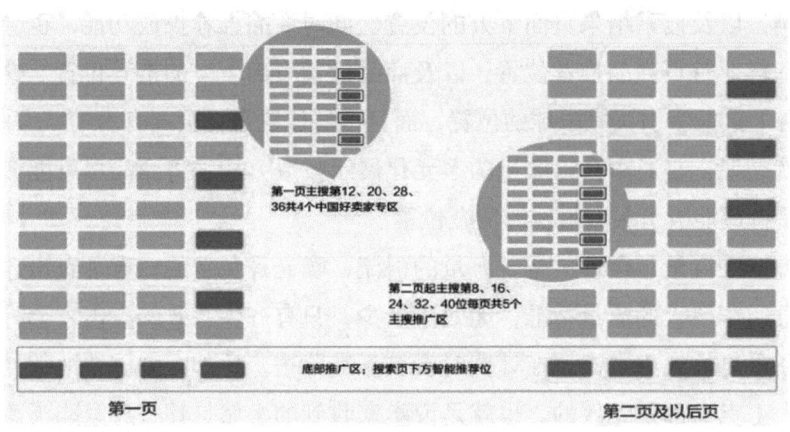

图 5-1　关键词投放展示位置

2）商品推荐投放展示位置

商品详情页下方的推荐位置，如图 5-2 所示。商品推荐投放的位置由系统确定，不可人为干预。

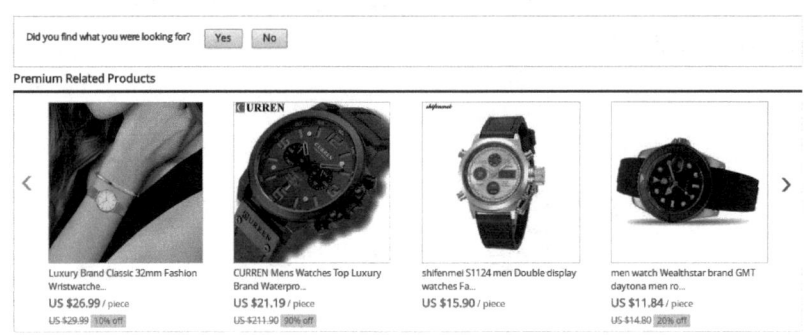

图 5-2　商品推荐投放展示位置

2. 直通车排序规则

直通车的排名主要受两大因素的影响，分别是推广评分和出价，其中推广评分起到关键作用，它主要综合了商品信息质量、商品与关键词匹配性、商品评分和店铺评分 4 个因素来确定。其中，商品评分指的是买家对产品的认可度及评分和评价；店铺评分指的是买家对店铺的 DSR 评分及对卖家产品描述、卖家服务和物流服务的评价。具体的案例，如图 5-3 所示。

如图 5-3 所示，只有"推广评分"为"优"，再加上具有竞争力的出价，卖家商品才有可能排在首页的右侧。如果"推广评分"为"良"，那么即使出价再高，也不能排在首页的右侧。因为商品的属性和关键词数量有限，无法让很多关键词都成"优词",这里的排名位置会根据"推广评分"和"出价"进行实时调整,商家要多关注后台的数据。

图 5-3　推广评分

3. 扣费规则

直通车产品的展示曝光不扣费,海外客户有效点击才会扣费。扣费与卖家的"推广评分"及"出价"相关,但实际的扣费肯定不会超过卖家的出价,这些数据在卖家后台可以查看。

4. 推广方式

目前直通车的推广方式有两种,重点推广计划和快捷推广计划,如图 5-4 所示。

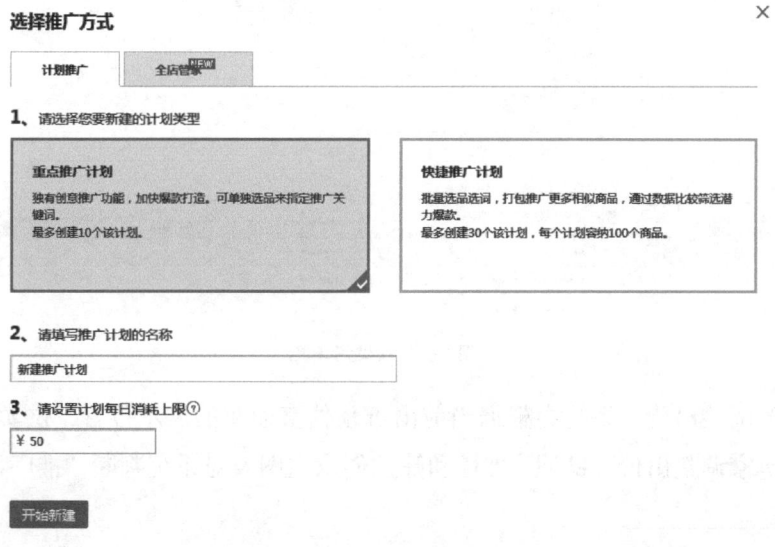

图 5-4　直通车的推广方式

1)重点推广计划

重点推广计划主要用于打造爆款。在设置重点推广计划时,每个推广商品下都有其独立的推广关键词。卖家可以为每个重点推广商品设置专门用于直通车推广的图片和标题,重点推广计划最多允许创建 10 个商品,可以对每个重点商品单独设置投放计划,所有商品共用一个每日消耗上限。

新建一个推广计划有以下几个步骤。

(1)新建直通车重点推广计划,在系统推荐的关键词库中对关键词进行筛选,去掉热度不高、不符合的词。

(2)提炼重点词。例如,推广一款连衣裙产品,产品标题为:2018 Summer Women Dresses O-neck Sleeveless long Retro Casual Party lace Robe Rockabilly 50s Vintage Plus Size。从标题中提炼出重点词:summer dress、women dress、party dresses。从上面的 3 个重点词延伸其他相关词,如:vintage dress、lace dress、50s dress、casual dress、long dress、plus size dress 等。

(3)增加其他关键词。可以通过直通车后台的"优化工具"→"关键词工具",由系统推荐更多的关键词,如图 5-5 所示。也可以使用"数据纵横"工具寻找更多的关键词。将自己提炼的关键词和系统推荐的关键词均加入推广词库中。

图 5-5 关键词工具

(4)调整出价。系统会根据当前出价预估直通车的展示位置,供卖家参考,以便于卖家调整出价、良词*推优和筛选创意主图及对系统判断"推广评分"为

---

* 注:"良词"指直通车中"推广评分"为"良"的关键词。

"良"的关键词进行优化。那么应该如何对"推广评分"为"良"的关键词进行优化呢？例如，如图 5-6 和图 5-7 所示，使用"创意"功能，将"推广评分"为"良"的关键词加入创意标题中。

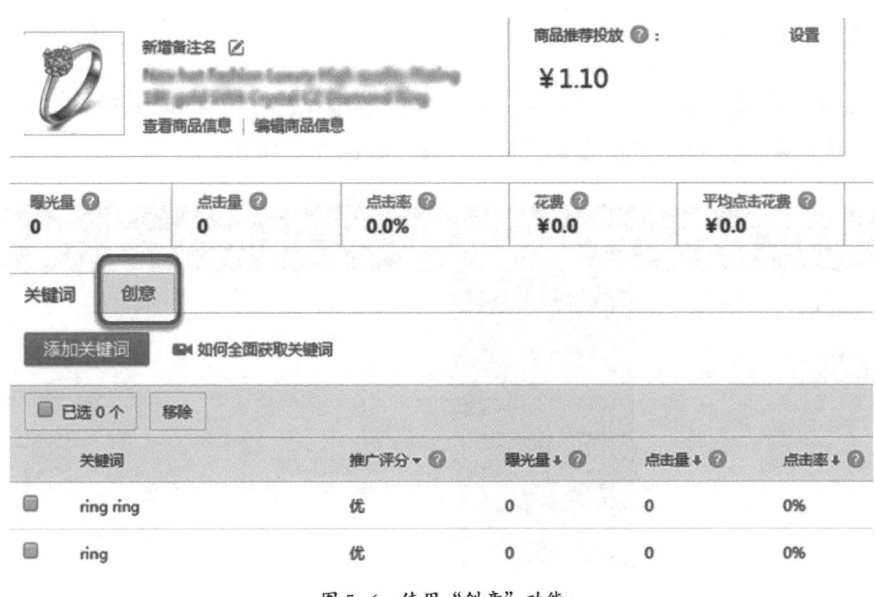

图 5-6 使用"创意"功能

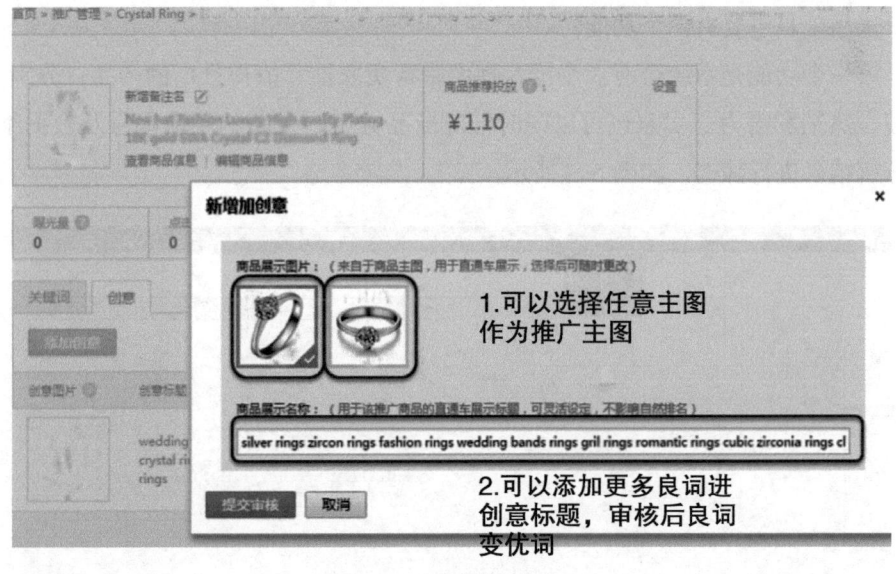

图 5-7 增加"创意"

2）快捷推广计划

每个账户最多能同时创建 30 个快捷推广计划，每个计划最多可同时推广 100

个商品，同时具备批量选品、批量出价的功能，让卖家用更少的时间和精力选出值得集中精力推广的商品。快捷推广计划的功能主要是通过它挑选出可能成为爆品，想要重点推广的商品，集中精力做推广。

5. 优化工具

直通车优化工具有优化中心、选品工具、关键词工具、商品质量诊断、抢位助手（抢位助手只针对资深卖家开放）5种，如图5-8所示。

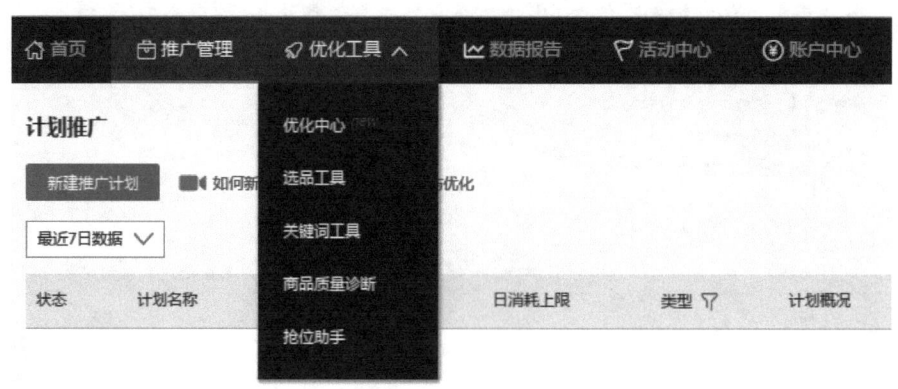

图5-8　直通车优化工具

选品工具主要有两个功能。

第一个功能是系统会有3个推荐理由来帮卖家推荐值得推广的产品，分别是：热搜、热销和潜力。卖家也可以同时针对商品分组、发布的相应账号及数据维度对分析结果进行筛选，如图5-9所示。

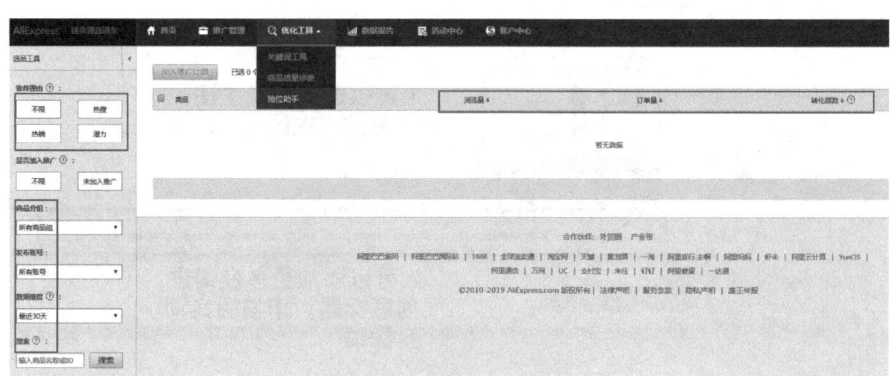

图5-9　选品工具对分析结果进行筛选

第二个功能是可以直观地对全店商品以多个数据维度进行筛选和排序，便于卖家掌握店铺商品数据。例如，同行对比数据下的类目供需指数和竞争力数据，以及商品的浏览量、访客数、加入收藏夹次数、加入购物车次数、订单量、转化指数。每个筛选主页可以呈现 30 个商品，也可以下载商品列表（Excel 格式），再具体分析数据。

6. 直通车首页

当卖家直通车账户处于正常状态，账户余额大于 0，且至少有一条处于激活状态的推广信息时，推广状态显示为"推广中"。在该状态下，买家在前台直通车展示位可以看到卖家的推广商品。海外有效 IP 客户点击后，会产生相应的扣费，如图 5-10 所示。

图 5-10 直通车首页

在未推广状态下，推广计划不生效。直通车提示位无法展示卖家的推广商品，以下情况会显示为"未推广"状态：账户冻结、无推广信息、账户欠费、达到每日预算限额等。

7. 数据报告

通过直通车后台的"数据报告"，可以进入数据页面。速卖通直通车针对卖家账户的整体营销状况可以提供效果统计分析报告，即账户报告。按天统计，每天的账户效果可以展开，即按照推广计划的维度查看每天的数据。账户报告分为图形和报表两部分，反映曝光量、点击量、花费等多项数据指标，卖家可自定义类型、时间段、指标进行查看，同时支持报告下载，如图 5-11 所示。

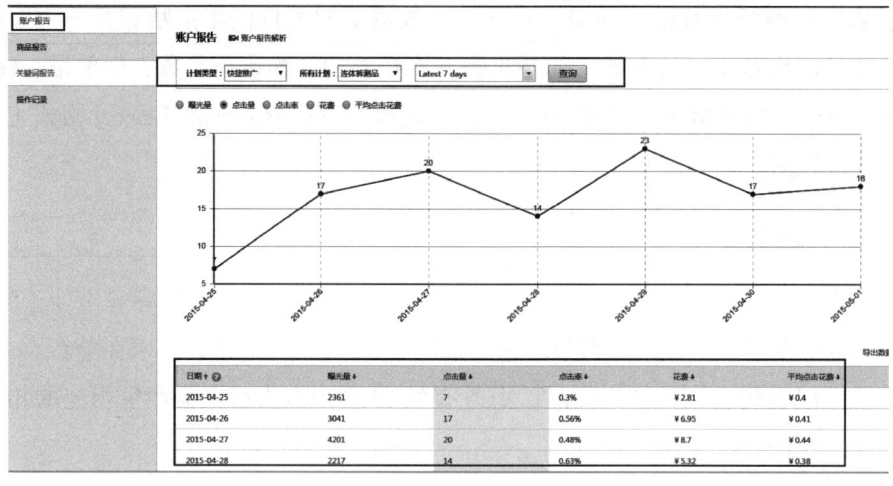

图 5-11 账户报告

卖家通过对商铺数据,包括曝光量、点击量、花费等核心指标来确认下一步的优化方向。

例如,卖家在对最近 7 天数据按照点击量进行排序,找到排在第一位的商品,与自己想要重点推广的商品进行比对,确认是否是主推商品。如果不是,则说明推广计划需要继续完善。

再比如,查看关键词报告后,卖家需要对问题关键词进行细节排查和优化。对于虽然与商品匹配但是曝光量低的关键词,可以适当修改它的出价;对于曝光量高但是点击量少的商品,可以利用"创意"功能更换推广主图;对于点击量高但是成交稍差的商品,可以适当修改商品折扣和详情页。

总而言之,善用账户报告可以帮助我们查找目前营销策略的不足之处,并且不断进行优化和完善,找到最适合的营销方案。

任务实施提示

对于跨境电商卖家来说,都不可避免地要去做的一件事就是付费推广。付费推广是最直接的流量来源,在 ROI* 可控的范围内尽可能提高付费推广的力度,正常情况下付费推广带来多少流量自然搜索就会带来多少流量。然而,推广只是一个工具,如何让工具发挥最大的作用,也要看使用者的操作。如果你的产品本身

---

* 注:ROI(Return On Investment,投资回报率),是指通过投资而应返回的价值,即企业从一项投资活动中得到的经济回报。

没有竞争力，没有成为爆款的可能性，推广做得再多，也没有多大的意义。推广只是产品力的释放工具，能不能释放得很好，取决于产品力本身，而产品力本身又取决于各种各样的权重，最重要的就是点击率，其次就是转化率、动销率、动销深度/比例、上新频率、客单价权重、店铺权重、品牌权重等。

 组织与设计

以小组为单位讨论利用平台的付费推广工具，为本小组的店铺进行推广。

体会与评价

1. 评价标准

推广的规则应用是否合理。

2. 评价方法

学生讨论与教师点评相结合。

3. 反思与体会

你认为本任务最有价值的内容是什么？

任务部署

按照下面任务单的要求，完成学习。

任务5　任务单

任务名称	选择跨境电商平台注册店铺	任务编号	5
任务说明	一、任务要求 以小组为单位讨论利用平台的付费推广工具，并为本小组的店铺进行推广。 二、任务实施所需的知识 • 平台推广工具的特点。 • 平台推广工具的规则。.		
任务内容	• 选择付费推广工具。 • 设置推广条件。		

续表

任务实施	一、确定平台推广工具所需信息
	二、小组成员分工 说明：按照完成任务所需的范围进行职责分配，分工明确，各司其职。
	三、信息的收集 说明：利用网络工具搜集相关信息，包括教材、网站及其他网络渠道。
	四、调查资料的整理、分析 说明：对收集到的信息通过分析整理，选择合适的版本作为参考。
	五、设置推广条件

任务考核

任务考核表

任务名称：

专业班级：

第　小组　小组成员（学号、姓名）：

任务5　考核表

考核项目		分值	自评	备注
信息收集				

续表

考核项目		分值	自评	备注
任务实施				
小计		100		
其他考核				

考核人员	分值	评分	备注
教师			建议以积极的心态评价学生,要注意沟通方式与方法,提高学生的自信心,有利于学生成长与未来发展
小组互评			主要从知识掌握、小组活动参与度、贡献度以及纪律遵守等方面给予中肯的评价
总评			总评成绩 = 自评成绩 ×40%+ 指导教师评价 ×35%+ 小组评价 ×25%

拓展案例

亚马逊千万级大卖家必修课：提高 FBA 销售额的 3 招付费营销推广方式

众所周知，在亚马逊上优化关键字，可以让买家更容易搜索到产品，带来更多流量，类似于来自谷歌搜索的自然流量。

这里将重点介绍亚马逊付费营销推广方式，以提高 FBA 销售额。

对于亚马逊平台卖家来说，在亚马逊上做广告有三种方式：Sponsored Products、Promotions 和 Lightning Deals。

1. Sponsored Products

Sponsored Products 是关键词驱动广告系统，卖家可以针对任何想重点关注的产品构建广告组。一旦选好商品后，卖家最多可以添加 1000 个目标关键词。

卖家可以利用 AdWords Keyword Planner 生成关键词，也可以将 AdWords

Keyword Planner 用于非广告目的，如帮助识别出产品 listings 及产品描述中的关键词，以便提高亚马逊站内搜索排名，还可以在 Sponsored Products 广告中添加否定关键词，减少含糊短语造成的不必要金钱损失。

Sponsored Products 用户界面非常直观，就像在 AdWords 中设置广告一样，如图 5-12 所示。

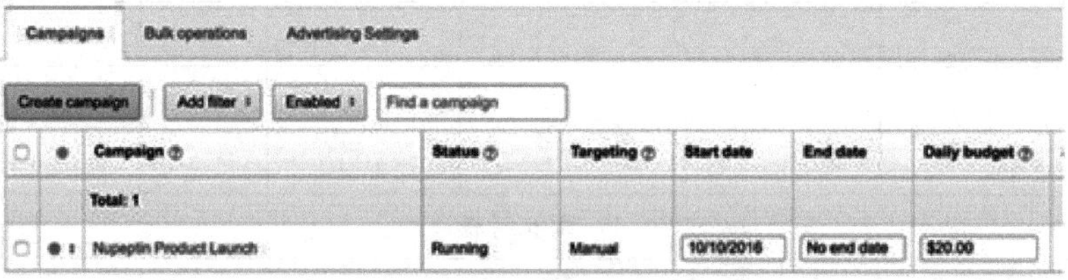

图 5-12　Sponsored Products 用户界面

接下来就是设置广告组。买家可以根据每种特殊的产品设置广告组，就算它们关键词相同，但针对的目标受众可能不同，如图 5-13 所示。

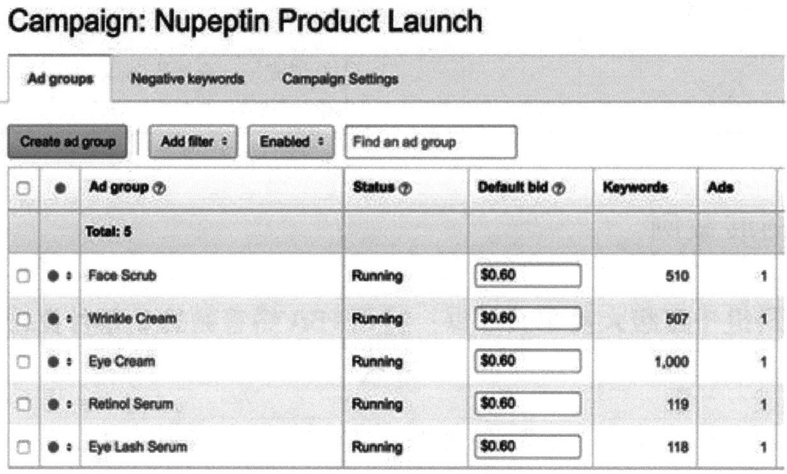

图 5-13　设置广告组

Sponsored Products 广告与 AdWords 不同之处在于，卖家不需要为广告创建文字描述，Sponsored Products 广告系统会自动抓取商家信息，并将产品名称作为广告语。因此，这就是为什么产品名称在广告中很重要的原因。

图 5-14 所示的是 Sponsored Products 的广告效果。

注意 Sponsored Products 广告设置问题，比如图 5-13 中将默认出价设置为 0.6 美元，而实际 Sponsored Products 广告中，卖家想将出价设置到多高都行。一般来说，可以让广告先投放 5 天，然后根据点击率和投资回报率，推算出建议出价。

任务 5　跨境营销——付费推广

图 5-14　Sponsored Products 的广告效果

图 5-15 所示这个广告服务有超过 500 个关键词。通常卖家需要每天查看关键词的回报率，然后按需调整。如果卖家熟悉 AdWords 的操作，那么 Sponsored Products 操作就显得很容易。

Keyword	Match type	Status	Suggested bid	Keyword bid
Total: 507				
deep wrinkle cream	Broad	Running	$2.05 Apply $1.30 - $2.96	$1.40
deep wrinkles	Broad	Running	$1.80 Apply $1.48 - $2.06	$1.25
wrinkle creams	Broad	Running	$2.98 Apply $2.25 - $4.03	$2.00
anti aging	Broad	Running	$1.81 Apply $1.07 - $2.40	$1.50
organyc	Broad	Running	$0.55 Apply $0.39 - $0.89	$0.55
nuskin	Broad	Running	$0.12 Apply $0.09 - $0.15	$0.12
Nu skin	Broad	Running	$1.34 Apply $0.49 - $2.10	$0.60
Strivectin	Broad	Running	$1.54 Apply $0.79 - $1.82	$1.54
best hydrating cream	Broad	Running	$1.09 Apply $0.83 - $1.43	$1.09

图 5-15　广告服务示例

2. Promotions

亚马逊第二个广告平台是 Promotions，包括以下几种促销举措："Free Shipping（免费送货）""Money Off（折扣）""Buy One Get One（买一送一）""External Benefits（买满再优惠）""Giveaway（赠品）"。关键是要找出哪些促销方式最适合卖家的产品和品类，如图 5-16 所示。

图 5-16　Promotions 平台

Promotions 的主要优点是卖家可以在平台之外举行这些活动，比如社交媒体、电子邮件，或是在联盟网站上促销亚马逊产品。

由于 Prime 服务的普及，Free Shipping 并非会对所有产品有促销效果，而 Giveaway 又相对复杂，而且可能不会增加销售额。相对来说，Money Off 和 Buy One Get One 可能更有效一些，而 External Benefits 则在建立忠诚用户和提升买家消费额上很有效果。

3. Lightning Deals（秒杀）

亚马逊上最受欢迎的页面之一就是 Daily Deals 页面。亚马逊用该页面来发布优惠券、折扣商品、秒杀和今日特价（Deals of the Day）。对 Lightning Deals 和 Deals of the Day，卖家需要受亚马逊邀请才能参加。

Lightning Deals 促销时间有限，通常是 4 个小时（不固定）。卖家产品至少要打到 7.5 折以下才能在这一个高流量的网页上展示。此外，卖家还需要限制折扣商品的数量。

限制折扣商品数量十分重要，因为参加 Lightning Deals 的待售商品下会出现进度条，告诉消费者该折扣商品完成交易比例和剩余的促销时间。消费者常常会对这种形式的促销感到十分激动。如果他们觉得商品马上要卖光的话，他们就会快速做出决定。可见，对错过优惠的恐惧是推动交易成功的重要因素。

任务5　跨境营销——付费推广

卖家需要花时间考虑参加秒杀的产品数量。如果数量太多，产品出售速度可能会很慢，购物者可能会觉得这不是划算的交易或是好的产品；而如果数量太少，虽然产品可以卖得很快，但卖家也可能错过额外的销售机会。建议卖家将秒杀时长限制为3个小时就够了。

亚马逊会根据产品的销售速度决定是否邀请你参与秒杀。因此，有时在产品折扣上投资以提高销售速度很重要，这为卖家打开了其他广告机会的大门。

（资料来源：亚马逊千万级大卖家必修课：提高FBA销售额的3招付费营销推广方式。〔2017-03-20〕.http：//www.cifnews.com/article/24934）

练习与思考

是不是跨境电商一定要做付费推广？

任务6

跨境营销——SNS海外营销策略

📖 任务描述

以小组为单位,每个小组为本组的店铺开展 SNS 海外营销推广。

✉ 任务要求

- 掌握常用的海外 SNS 平台。
- 掌握利用海外 SNS 平台引流的方式。

📘 任务目标

通过本任务的学习,学生应具备开展海外 SNS 营销的能力。

🌸 案 例

经过一段时间运营,王明的速卖通店铺已经步入正轨。但是他还想进一步来吸引流量,提升销售业绩。但是让他苦闷的是,不知道流量来自哪里?营销策略不知道怎么优化?他想要通过 SNS 营销来引流。但是不清楚最受欢迎的海外社交媒体是什么,社媒营销如何开展。

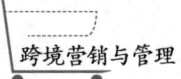

> **相关知识**

6.1 海外社交网站介绍

SNS（Social Networking Services）指社交网络服务，下面介绍一些有代表性的 SNS 网站。

1. Facebook

Facebook 于 2014 年 2 月 4 日上线，从用户量和 Facebook.com 网站流量来看，Facebook 是目前全球最大的实名制社交网站。如果把一个网站的用户量比作一个国家的人口数量，那么在互联网这个国度里面，Facebook 已经是全球仅次于中国和印度的世界人口第三大国。

在 Alexa 查询网站中看到 Facebook 流量在全球网站排名中位居第三位，如图 6-1 所示，平均每天 Facebook 的访问量就超过 6 亿次。

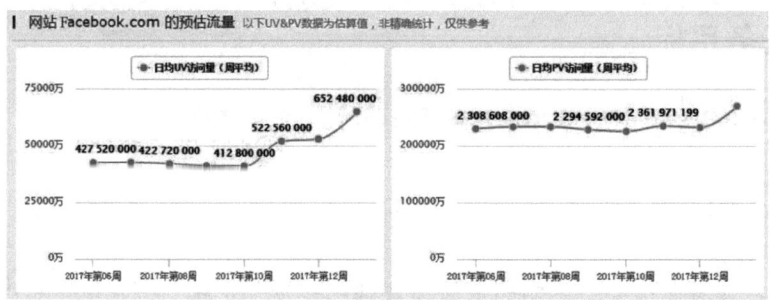

图 6-1　Facebook 流量

图 6-2 所示的是 Facebook 网站的访问国家/地区排行，位居前列的美国、英国、德国、法国等都是跨境电商购买的主力国。

2. Twitter

Twitter 是国际上数一数二的社交平台。在国外，国家政要、娱乐明星，还有众多的草根群众几乎无人不知这一网络平台，美国前总统奥巴马、NBA 球星奥尼

任务 6　跨境营销——SNS 海外营销策略

网站 facebook.com 的国家/地区排名、访问比例				
国家/地区名称	国家/地区代码	国家/地区排名	网站访问比例	页面浏览比例
美国	US	3	27.0%	19.7%
英国	GB	4	4.8%	4.2%
印度	IN	4	4.3%	6.2%
日本	JP	7	4.3%	3.4%
德国	DE	4	3.5%	3.2%
法国	FR	4	3.5%	3.6%
巴西	BR	4	3.2%	3.3%
加拿大	CA	4	3.0%	2.3%
意大利	IT	4	2.9%	3.7%
墨西哥	MX	4	2.2%	2.1%
西班牙	ES	4	2.1%	2.8%
波兰	PL	3	2.0%	1.8%
澳大利亚	AU	4	1.8%	1.5%

图 6-2　Facebook 网站的访问国家 / 地区排行

尔、Google 公司、白宫和诸多新闻媒体等也先后在 Twitter 上开设账号。Twitter 平台的宣传推广效益可见一斑。

那么到底什么是 Twitter 呢？

Twitter 公司正式成立于 2006 年 3 月 21 日，是一个网络社交微博客服平台，中文称为"推特"。Twitter 这个名字来源于一种鸟叫声，创始人认为鸟叫是短、频、快的，符合网站的内涵，因此选择了 Twitter 作为网站名称。Twitter 利用无线网络、有线网络、通信技术进行即时通信，是微博客的典型应用。Twitter 的理念是 Twitter connects everyone to what's happening in the world right now。即让每个人都能畅通无阻地随时提出和分享想法及资讯。通俗地说，就是在任何时间、任何地点、以任何方式发表任何信息，分享给希望获知这些信息的人，也可以在第一时间获知你所关注的人（或事）的最新进展。基于这种理念，Twitter 的很多使用方法都更加贴近于信息的分享。举个例子，如果你想要关心某个人最近的生活状态，有没有更上一层楼，还是遇到了麻烦，那么只需要 "Follow" 他或者她，他们的状态更新就会第一时间被你看到。所以，Twitter 也被形容为 "互联网的短信服务"。

在 Twitter 网站上非注册用户可以阅读公开的推文，可以说 Twitter 是微博的鼻祖，所有的 Twitter 消息都被限制在 140 个字符之内。注册用户则可以通过 Twitter 网站、短信或者各种各样的应用软件来发布消息，并且该消息会在第一时间抵达选择关心你的用户那里。也正是因为这样，Twitter 才可以很方便地使用户与周围的朋友保持长期、高效、低成本的联络，所以 Twitter 拥有其他社交平台所不能比拟的信息传播效果。

和 Facebook 平台具有很强的互动性相比，Twitter 平台的运营更偏向于媒体传播性质。从 Alexa 查询网站中的排名来看，Twitter 每日访问次数达 1.6 亿，如图 6-3 所示。

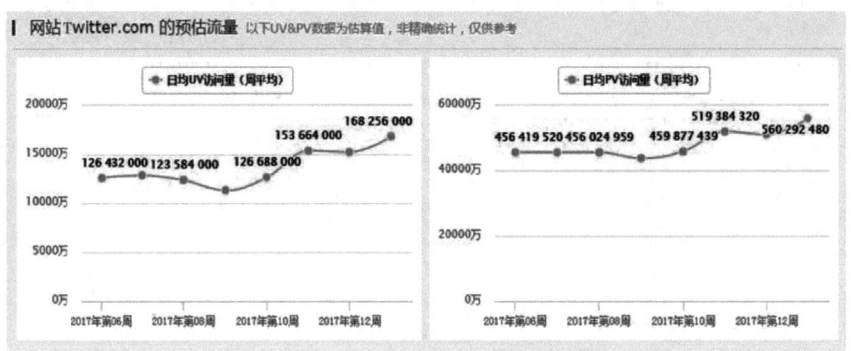

图 6-3　Twitter 流量

3. Instagram

Instagram（照片墙）是一款运行在移动端上的社交应用，是在国外使用范围非常广的一个手机端图片分享网站。2012 年 10 月 25 日，Facebook 以总值 7.15 亿美元收购 Instagram。很多演艺圈明星、时尚博主、网络红人都在 Instagram 上发布自己的生活照、街拍照等信息，对于时尚类品牌来说是非常好的营销渠道，如图 6-4 所示。

图 6-4　Instagram 页面

4. Pinterest

对于兴趣类的社交网站,不能不关注 Pinterest。

Pinterest 是一个创意组合词,由 Pin 和 Interest 组合而成,音标读作 [′Pintrist],原义是指把自己喜欢的图片就像拿钉子钉在白板上一样分享。Pinterest 的中文名字叫"拼趣"。"拼趣"一词属于创造性翻译,既保留了原英文品牌的大部分发音,Pinterest 名字由 Pin(拼)+Interest(兴趣)组成,寓意为把自己感兴趣的东西(图片)用图钉钉在钉板(Pinboard)上,让用户不断地发现新图片,又不拘泥于刻板的音译手法,该名字有"拼之趣图"的另一层深刻的含义,而且朗朗上口,含义丰富,属于上等、高雅之名字。

Pinterest 上的很多流量来自移动端。如果说 Google 是"科技男"和"宅男"的乐土,那么 Pinterest 就是家庭妇女和欧美主妇的天堂。用户群体中 68% 是女性,大部分来自欧美国家。Pinterest 是一家以兴趣为基础的社交网站,通过图片墙 Pinboard 发布图片,图片以瀑布流的形式展现,无须用户翻页,新的图片不断地自动加载在页面底端,让用户不断地发现新图片,如图 6-5 所示。

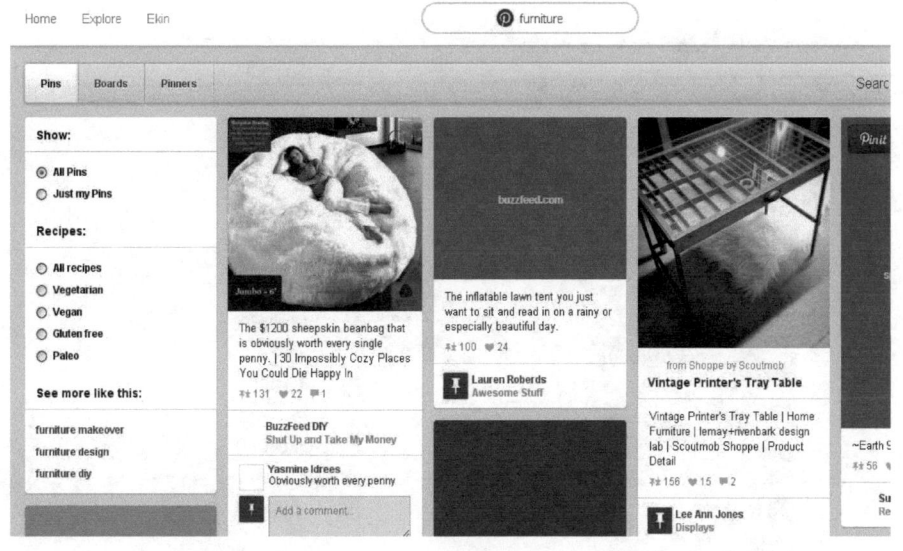

图 6-5 Pinterest 页面

通过路径分享的图片,用户单击图片就可以直接链接到卖家店铺,Pinterest 有各种分类,如个人的分类、主题的分类等。

Pinterest 堪称图片版的 Twitter,用户可以将感兴趣的图片保存在 Pinterest 上,其他用户可以关注,也可以转发图片。索尼等许多公司都在 Pinterest 上建立了主页，用图片营销旗下的产品和服务。

做好 Pinterest 的策略总结为 4 点。

- 找到感兴趣的主题页面。
- 找到红人推荐的图片。
- 关注对应的评论，评论是很重要的。
- 找一些网络红人的账号，进行传播。

5. VKontakte.ru

VKontakte.ru，简称 VK，俄罗斯社交网站。由于其设计风格及功能都与美国 Facebook 十分相似，因此，VKontakte.ru 也经常被称为"克隆版 Facebook"。VK 是目前俄语系国家中最受欢迎的社交网站，截至目前在俄罗斯、乌克兰、波兰和其他东欧市场中其市场占有率已经占据第一位，超越 Facebook，全球社交网站中排名第 17 位。

俄罗斯的年轻人在这个社交平台上非常活跃，速卖通也投入了大量的精力在这个社交网站上给平台做推广，如图 6-6 所示。

图 6-6 VKontakte.ru

任务 6　跨境营销——SNS 海外营销策略

 **Facebook营销策划**

1. Facebook 广告营销

Facebook 主页包括个人主页和公共主页。个人主页属于私人空间，不能用于商业推广。个人主页由头像、封面照片、功能栏、功能区的展开、时间线/动态信息流五部分构成，如图 6-7 所示。个人主页功能主要是自己发表动态、好友动态、关注的公共主页动态、加入的小组的动态、被投放的广告。

图 6-7　Facebook 个人主页

公共主页用于创建粉丝、品牌、业务的主页，塑造品牌形象。跨境电商企业除了建设企业官网，还需要在 Facebook 上创建自己的"公共主页"，也就是 Facebook Page。公共主页不单是公司名片，更重要的是通过粉丝主页的建设，为公司带来更低的传播及广告成本，通过在 Facebook 平台推广，能创造更可观的利润回报，大幅提高 ROI 转化。

Facebook 主页是广告主与目标受众建立联系和互动的一种有效方式，是为商业特别设计的，是企业进行 Facebook 营销推广的主要手段，通过 Facebook 主页可以发布文字、图片、视频等形式的信息，以此来宣传公司理念、品牌形象、产品价值等。Facebook 用户在你的主页上看到这些内容并通过点赞、分享或评论参与互动时，他们的好友可能也会在 Facebook 上发现并关注你的主页，Facebook 主页可以帮助你覆盖更多受众。那么，如何创建 Facebook 主页呢？

1）创建公共主页及进行品牌宣传

（1）创建公共主页。创建公共主页的步骤介绍如下。

第 1 步：首先，你需要创建一个 Facebook 个人账号，如图 6-8 所示。

图 6-8　创建个人账号

第 2 步：登录 facebook.com/pages/create。

第 3 步：单击"创建主页"后会出现 6 种主页类型，即"地方性商家或地点"（Local Business or Place）、"公司、组织或机构"（Company Organization or Institution）、"品牌或产品"（Brand or Product）、"艺人、乐队或公众人物"（Artist Band or Public Figure）、"娱乐"（Entertainment）和"理念倡议或社区小组"（Cause or Community），做产品推广，一般会选择"品牌或产品"，如图 6-9 所示。

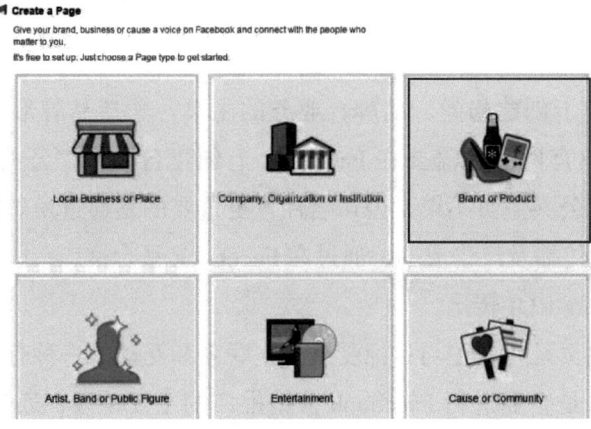

图 6-9　主页类型

第4步：单击"品牌或产品"（Brand or Product），选择对应的类别并填写品牌或产品名称，如图6-10所示，填写完相关信息后单击"Get Started"按钮。

图6-10 填写品牌或产品信息

第5步：在打开的页面中的第一部分填写主页简介，如图6-11所示，可以包含产品的关键词（不要多次重复），能够提高主页的搜索排名，使用户能够更容易搜索到你的主页，也使访客能够更便捷、清楚地了解你的主页；第二部分添加网址，可以是产品官网地址或店铺链接地址；第三部分设置主页账号，添加主页网址的后缀，可以设置为品牌名称，方便用户快速访问主页，给主页发送信息。单击"Save Info"按钮。

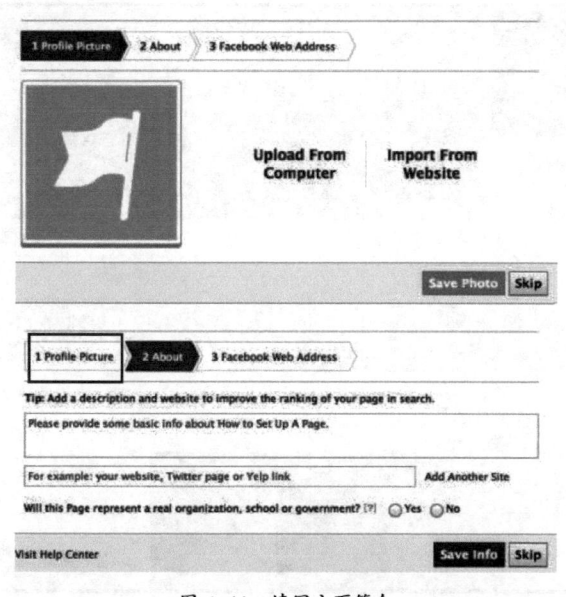

图6-11 填写主页简介

第6步：上传主页照片，这是你的主页形象，会为访客留下第一印象，因此，可以挑选你想要的照片并上传，如图 6-12 所示。单击"Save Photo"按钮。

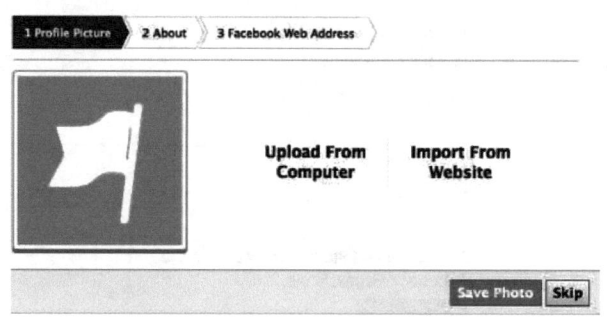

图 6-12　上传主页照片

（2）品牌宣传。公共主页创建完成后，根据所经营的产品精准定位受众群体，再根据受众群体的特征对主页进行优化，通过对主页的推广实现对品牌的宣传。

① 完善公共主页的简介信息。打开公共主页的首页，单击"简介"，如图 6-13 所示，进入简介页面，完善各项信息。

• 主页名称可以设置为品牌名称，对品牌进行宣传，也可以包含所经营产品的关键词，以增加 SEO 的权重。

图 6-13　简介

- 通过主页账号，可以自定义专属的 URL 域名，如 www.facebook.com/*****，星号部分为自定义区域，同样可以定义为品牌名称；自动生成的账号较长，不容易记住。通过自定义简单的账号，可以使用户快速找到你的主页。自定义部分也可以包含所经营产品的关键词，使主页更容易被搜索到。
- 简要描述部分，限定在 155 个字符以内，可填写店铺的链接地址，也可以对所经营的产品进行说明。
- 详细说明部分，没有字符限定，可以填写对公司、品牌、团队等的详细描述。

② 为主页添加封面。当受众访问公共主页时，封面是他们会注意到的第一区块，封面图片是宣传品牌、推广新品、提供优惠信息等关键的展现位，要充分利用，及时更新封面，并通过封面的设计体现品牌的风格和特点。虽然封面图片也能充分展现视觉画面，但影片会比静态图片有更好的表达优势，会更吸引人。当粉丝或受众点击封面版位任何一处时，影片会以全尺寸展示播放。在设置前可以在 Facebook 上浏览一些知名品牌的封面设计，进行参考，如图 6-14 所示。

封面影片可以提高新受众的兴趣度与注意力，进而愿意查看你的公共主页的帖文，同时增加更多的互动与粉丝数。

图 6-14　封面

案例链接

以国际知名品牌 Nike 为例来了解如何编辑主页进行品牌宣传。

Nike 的 Facebook 主页网址为 https://www.facebook.com/nike。

主页的头像是非常醒目的品牌 Logo；主页名称和账号使用品牌名称；用广告语作为主页的封面，当然也可以用刚推出的新品场景图，这样会有比较好的带入感；主页的按钮选择"去逛逛"，直接链接到 Nike 的官网，如图 6-15 所示。

图 6-15 Nike 的 Facebook 主页

主页的简介部分是 Nike 公司的联系方式、工作时间及官方网站的链接，如图 6-16 所示。

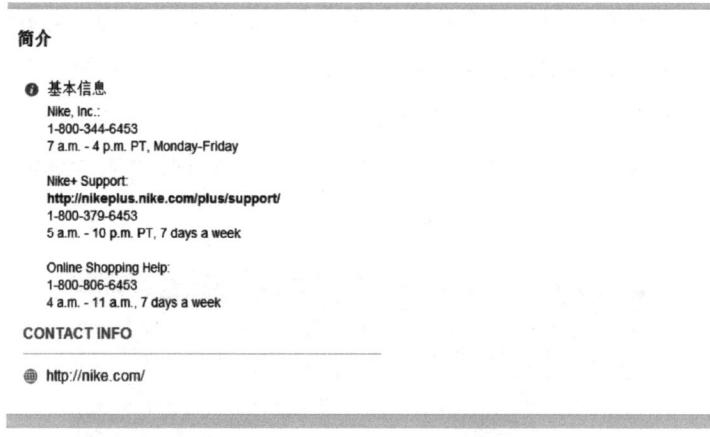

图 6-16 Nike 公司的简介部分

（3）如何通过 Facebook 主页扩大品牌的宣传范围。

Facebook 作为社交平台的一种宣传方式，更多的是粉丝和人气的积累，因此，与粉丝的互动及对品牌相关产品内容的营销就显得尤为重要，通过定期发布能够吸引用户参与的帖子来增加主页的活跃度。

接下来通过几个案例来了解一些宣传技巧和方法。

● 免费的产品赠送或试用，并通过一些方法提高粉丝的参与度。比如一家网络机构通过每天发两张相似的图片，让用户找图片中的不同之处，回答正确的用户可以获得赠品或得到试用的名额。这样既可以激励用户参与，又增加了与用户的交流。

● 定期发布相关产品的一些知识，加强内容方面的营销。比如兰蔻的

Facebook 主页通过定期发布新产品的产品介绍和美容小贴士来不断地吸引粉丝。其他产品同样可以以类似的方式来增加主页的人气,比如经营的是户外产品,则可以定期发布一些户外经常会遇到的问题,以及如何避免或解决类似的问题。

- 根据自己的产品创造具有人格化的内容,与用户产生共鸣,从而使产品人格化,为产品树立某种形象。比如 Guarana Antarctica 的 Facebook 主页,该品牌发布的内容主要围绕"友谊",其中有一条为:如果你觉得你和朋友之间是兄弟之情的就转发!通过这种方式不仅赋予产品人格化,同时使品牌在新用户中的曝光率大大增加。在 Facebook 上你的竞争对手并不是其他牌子,而是用户的家人与朋友的照片和视频。你要了解社交网络的本性不是做广告,所以你的帖子不能像广告一样直接。

Facebook 的算法是:帖子的互动性越高,到达的用户越多。如果互动性低,系统不会显示你的帖子。同时,Facebook 的算法也以视频和直播为重,所以应该多使用视频和直播,视频要短,10～15 秒就够了。如果想要介绍商品,则可以做的视频和直播有很多,比如如何使用商品、客服、生活技巧等。除此之外,还要天天监控数据,看看什么样的帖子适合你的观众。在 AliExpress 官方主页上,最受欢迎的商品是创新有趣的玩具、波西米亚时尚、家用的小东西等。建议你搜索与"AliExpress"相关的群组,在这些群组中粉丝会发帖问在 AliExpress 上有没有某些商品。这样对你很有用,因为你会发现某个国家的用户对什么样的产品感兴趣。

2)挑选适合 Facebook 的图片

在 Facebook 上做营销推广,用户查看帖子时,第一眼注意到的就是图片,因此,我们需要花时间好好选择和设计要展示的广告图片,图片决定了业务在用户眼中的形象。可以说选好 Facebook 广告图片对营销效果有着至关重要的影响。那么什么样的广告图片最受欢迎呢?下面介绍几种比较受欢迎的 Facebook 广告图片。

(1)挑选有趣的拍摄对象。尽量展示与业务相关的抢眼内容、人物、环境、产品,挑选精彩的图片,可以使用一些搞笑的或者特有内涵的图片作为素材,在受众浏览 Facebook 时吸引他们的眼球。此外,不要发布与自身业务无关的图片。

(2)注重图片质量。注重图片质量,要避免使用低分辨率(会导致低像素)、模糊的图片和剪贴画。另外,用智能手机拍摄静物,拍照时手不能抖。同时,还需要注意创建广告时所指定的图片尺寸。要注意图片质量，但是不要用太专业的图片，因为专业的图片就像广告一样。图片要自然、有趣。要记得 Facebook 用户不喜欢广告，他们每天浏览这个平台并不是为了看广告。这一点和 Instagram 很不一样，Instagram 的用户更能接受广告。

（3）DIY 摄影技巧。使用智能手机也是可以拍出好照片的。首先要花时间布置拍摄场景，确保光线适度，避免取景框内充斥大量无关的事物。再尝试使用带有滤镜的照片应用，让普通的照片看起来更专业。另外，要让所有的广告风格保持一致。可以尝试使用 Instagram、VSCO Cam、Snapspeed 或 Mextures 等应用。

（4）挑选合适的广告图片。

① 开心/微笑的人。大量尝试证明，开心或者带有笑脸的图片更容易被点击。在设计图片的时候，设计师可以在产品旁边放一个面带微笑的模特做陪衬，或者也可以展示顾客收到货物后，对货物表示满意的笑脸。

② 色彩辨识度高。Facebook 以蓝白为设计基调，如果你发布的图片也以蓝白色为主，将很容易被忽视。如果企业的 Logo、产品图片或其他标志是蓝色的，最好将其换成更加鲜明的颜色。要让图片和产品背景有明显的对比度。此外，可以在图片中加上具有参与度的文案标题，这样更容易提高点击率。

③ 创建广告组。如果一张 Logo 图片太容易辨识，即使用了大量的色彩、可爱的动物成者小孩子，还是不能吸引用户的眼球。但是用户长期观看还是能够记住你的品牌的，所以从长期看还是需要对你的 Logo 进行突出设计的。

④ 使用具有号召力的字眼。广告中具有号召性的字眼最容易引起别人的注意，如果再配合打折、促销的字眼，则更容易吸引人的眼球。可以在图片中体现奖品，也可以以电子书为奖品。

⑤ 以内涵图片作为广告。可以结合你的品牌，使用一些搞笑的或者奇特有内涵的照片作为素材，这类素材一般第一时间就能抓住人的眼球，特别实用。

广告图片是被各种版位公用的，不同版位不可以分别进行编辑，所以所使用的图片同样也需要兼顾各种版位。如果希望广告图片能在包括桌面版动态消息、移动版动态消息和桌面版右边栏在内的所有不同版位中正常展示，则需要使用广告目标系统推荐的图片尺寸；如果图片尺寸大于或小于系统指定的尺寸，那么系统会自动将图片调整至合适的尺寸，这有可能影响图片的质量。

注意：对于轮播广告的图片，不论广告目标是什么，推荐的图片尺寸都是 600 像素 × 600 像素。

3）Facebook 付费广告

Facebook Ads 是 Facebook 的付费广告计划。Facebook Ads 是通过对社交网络中人与人之间的关系进行分析，将所推广的产品与好友的兴趣爱好和消费行为进行精准匹配，从而实现好友关系的商业化价值的。Facebook Ads 已经逐渐成为社会网络营销的重要媒体。

Facebook 广告的类型主要有流量广告、根据行为转化的广告、消息广告、页面粉丝增加广告、游戏 PP 安装量广告、增加活动参与人数的广告、派送优惠券广告视频广告等。如果卖家的产品需要专业解说，建议使用 YouTube 视频，然后在 Facebook 上可以选择按照区域、年龄、性别、情感状态等维度定向投放广告，也可以设置针对某些用户行为进行广告投放。

（1）Facebook 广告管理工具。Facebook 有两个广告管理工具：广告管理器（Ads Manager）、超级编辑器（Power Editor）。

这两个广告管理工具都是免费的。刚开始接触 Facebook 广告，建议使用广告管理器。因为超级编辑器是一个更复杂的工具，主要用于管理大型广告系列，广告代理商和企业级广告账户才会用到。

① Facebook 广告管理器有如下功能。
- 创建 Facebook 广告系列。
- 制作新的广告组和广告。
- 管理 Facebook 广告出价。
- 定位不同的目标受众。
- 优化 Facebook 广告系列。
- 跟踪广告系列的效果。
- 做 A/B 测试。

② 广告管理器的使用。有三种方法可以访问广告管理系统器。
- 网址访问：facebook.com/ads/manager。
- 点击 Facebook 页面右上角的下拉箭头，然后在下拉菜单中选择"管理广告"。
- 使用 Facebook 广告管理系统移动端应用，随时随地访问和管理广告系列，网址为 facebook.com/business/news/ads-manager-app。

③ 创建广告。首先了解一下广告架构。

Facebook 的广告架构分为三级：广告系列→广告组→广告。
- 广告系列（Campaign）。在广告系列层级可以选择一个广告目标（只能选择一个广告目标),把此层级想象成一个容器,这个容器中能包含若干个广告组,它存在的目的是方便你更好地管理广告。例如,吸引更多的用户访问你的网站或安装你的应用等。选择目标后,将创建一个广告系列,即广告架构的第一级,一个广告系列可以创建多个广告组。

- 广告组(Ad set)。在广告组层级可以设置目标受众定位、投放位置、预算、竞价和投放期,也可以包含若干个广告。Ad set 是最适合做 A/B 广告测试的,在各个广告组中只设置一个单一的变量,从而对比和优化营销活动。广告组应体现想要覆盖的受众的特定部分,这些受众可按年龄、性别、地区或兴趣进行选择。

- 广告(Ad)。这是广告创建过程中最小的单位,为各个广告使用不同的图片或文本或 URL,让广告以视觉的形式呈现在受众面前。

接下来我们来了解创建广告的步骤。

首先,请确保已经在左上角菜单中选择了广告管理器工具。然后,点击页面右上角的"创建广告"按钮。

接下来,Facebook 会引导完成创建广告操作,只需要选择、添加广告文案和图片即可。

第 1 步:选择广告系列目标。

Facebook 第 1 步需要用户做出目标选择。因为一旦确定了广告目标,Facebook 就会决定广告格式、出价选项和自动优化方向。

Facebook 广告系列的目标分为三大类。

- 品牌认知(Awareness),该类目标有:品牌知名度和覆盖人数。

品牌知名度(Brand awareness),向更可能花更多时间浏览你广告的用户推广。

覆盖人数(Reach),向尽可能多的用户推广,目标包括:速推帖子、推广主页、提高品牌知名度。

- 购买意向(Consideration),该类目标包括访问量、参与互动、应用安装量、视频观看量、潜在客户开发。

访问量(Traffic),向更可能访问目标位置(网站等)的用户推广。

参与互动(Engagement),向更可能发生互动的用户推广,互动包括点赞、评论、分享、活动响应等。

应用安装量(App installs),向更可能安装应用的用户推广。

视频观看量(Video views),向更可能观看视频的用户推广。

潜在客户开发(Lead generation),向感兴趣的用户收集潜在客户信息,包含:吸引更多网站访客、增加应用安装量、增加活动参与人数、增加视频观看量、为

任务 6 跨境营销——SNS 海外营销策略

业务吸引潜在客户。

- 行动转化（Conversion），该类目标包括转化量、目录促销、店铺访问量。

转化量（Conversions），向更可能产生转化的用户推广，转化包括添加到购物车的动作等。

目录促销（Product catalog sales），根据目标受众自动展示目录商品。

店铺访问量（Store visits），向周边用户推广多家分店。

建议用户根据自己的最终目的，选择合适的广告系列目标。大多数时候，这个目标是转化量。但是，如果你的最终目的是提高品牌知名度，请选择"品牌知名度"目标，如图 6-17 所示。

图 6-17 选择广告系列目标

第 2 步：命名广告系列。

根据活动来命名广告系列，这里有个小技巧：命名时不要忘记添加日期，便于后面区分什么名称对应着什么广告，如图 6-18 所示。

图 6-18 命名广告系列

第3步：建立目标受众。

这里有三种选择：创建一个新的 Facebook 目标受众、使用已保存的受众群体、选择之前在 Audience Manager 创建的自定义受众。请注意，不能在这里直接创建新的自定义受众，只能选择已有的自定义受众。如果要创建新的自定义受众，应在 Audience Manager 中创建，如图 6-19 所示。

图 6-19　建立目标受众

第4步：设置广告展示位置。

Facebook 的广告展示位置被称为广告版位。以下是几种广告版位：桌面版动态消息、移动版动态消息、桌面版右边栏、Audience Network 和 Instagram（可以同时选择多个广告版位），如图 6-20 所示。

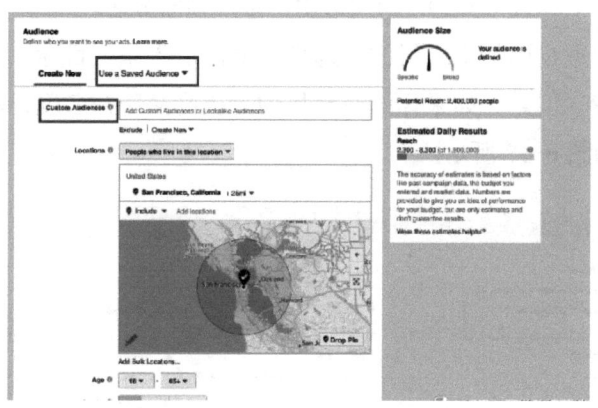

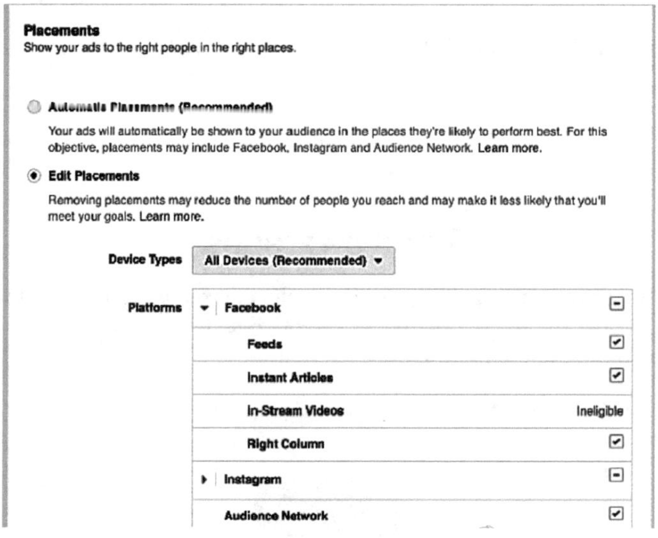

图 6-20　设置广告展示位置

选择"Automatic Placements（Recommended）"，也就是说 Facebook 会自动帮你选择并优化。投放位置选择"Edit Placements"，也就是自己选择投放位置。

如何选择 Facebook 广告位置？

如果刚刚接触 Facebook 广告，建议使用"Automatic Placements（Recommended）"。但是，如果想将用户引流到 PC 端网站，则请取消选择 Mobile Newsfeed，Instagram 和 Audience Network。

第 5 步：设置广告预算和出价。

预算：这里的预算是指在投放广告期间，你愿意为展示广告组中的广告支付的金额，而非实际花费的金额。所创建的每个广告组都需要设置预算。预算又分单日预算和总预算，单日预算是指你每天愿意为广告组花费的平均金额，总预算是指你在广告组投放期间愿意花费的总金额，如图 6-21 所示。

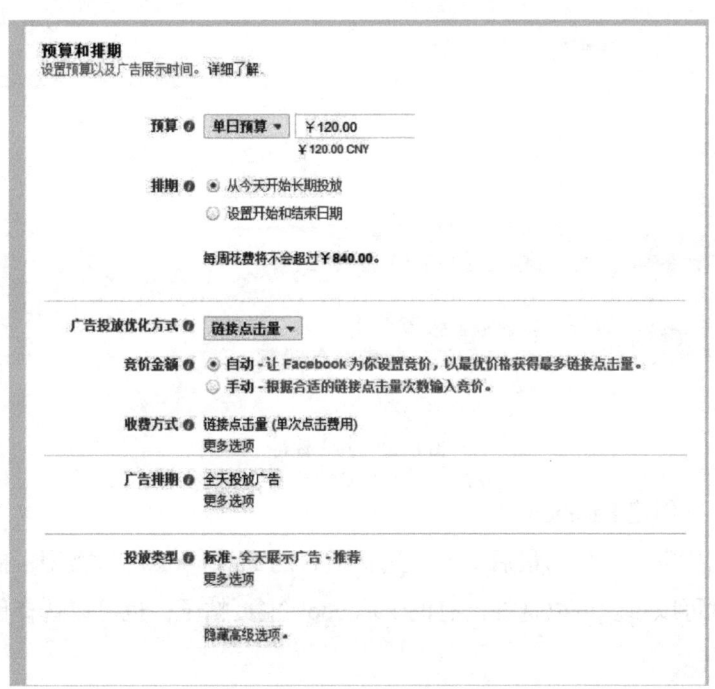

图 6-21　设置广告预算和出价

排期：有两种方式，一种是"从今天开始长期投放"，另一种是"设置开始和结束日期"，即在你所选择的日期范围内投放。

广告投放优化方式：分为三种，分别为"链接点击量"、"展示次数"和"单日独立覆盖人数"，需要根据广告系列的目的来选择最有效的方式。

竞价金额：分为"自动"和"手动"两种方式，可根据具体情况选择并进行调整。

收费方式：分为"次数按每千人收费"（CPM）和"链接点击量"（CPC）两种。

投放类型：分为"标准"和"已加速"两种方式，建议大多数广告选择"标准"方式。"已加速"投放方式主要用于推广限时类活动，快速覆盖目标受众。

最后要编辑广告组名称，以便对广告组进行管理。

在每个广告组中都可以创建多个广告，每个广告中都包含格式、主页和链接两部分。

格式分为两种，如图 6-22 所示，其中一种是"广告使用单一图片/视频"，每个广告只包括一个图片/视频；另一种是"同一广告使用多张图片"，最多可以同时展示 5 张图片。

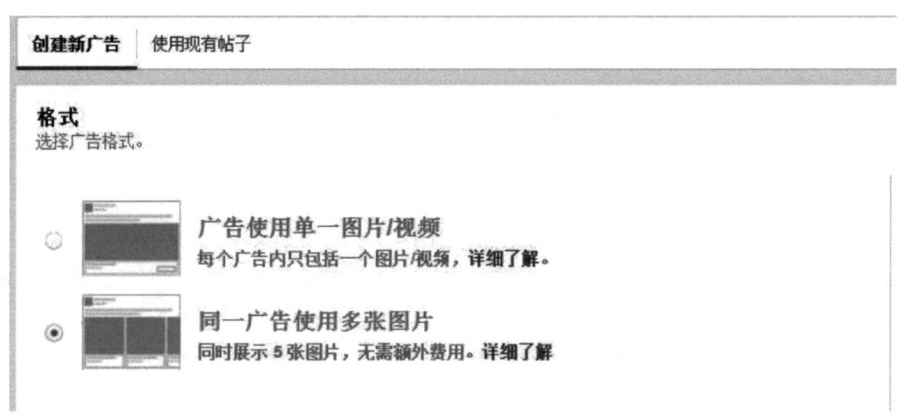

图 6-22　广告格式

第 6 步：创建 Facebook 广告。

这是创建常见广告的最后一步，选择适合的 Facebook 广告类型，插入广告图片和文案就可以了。可以选择已有的 Facebook 主页帖子，也可以选择创建新的广告类型。

（2）Facebook 文案设计。首先需要了解不同的广告目的有不同的版位，每一种版位又会有不同的展示效果，对广告文本的字符数也有不同的规定。表 6-1 和表 6-2 总结了在各广告目标下各种版位对文本字符的限定及字符数的建议。

表6-1　各种版位对文本字符的限定及字符数的建议

广告目标	版位	说明文本	标题	链接描述
应用使用	Facebook 移动应用	90 个字符		
	Instagram 移动应用	建议不超过 125 个字符（最多 2200 个字符）		
	Instagram 移动应用轮播广告	建议不超过 125 个字符（最多 2200 个字符）		
	Facebook 桌面应用	90 个字符		
应用安装量	Facebook 移动应用	90 个字符		
	Instagram 移动应用	建议不超过 125 个字符（最多 2200 个字符）		
	Instagram 移动应用轮播广告	建议不超过 125 个字符（最多 300 个字符）		
	Facebook 桌面应用	90 个字符		
品牌知名度	Facebook 照片	90 个字符	25 个字符	30 个字符
	Facebook 视频	90 个字符	25 个字符	
	Facebook 轮播广告	90 个字符	40 个字符	20 个字符
	Instagram 照片	建议不超过 125 个字符（最多 2200 个字符）		
	Instagram 视频	建议不超过 125 个字符（最多 2200 个字符）		
	Instagram 轮播广告	建议不超过 125 个字符（最多 2200 个字符）		
网站点击量	Facebook 链接	90 个字符	25 个字符	30 个字符
	Instagram 链接	建议不超过 125 个字符（最多 2200 个字符）		
	Facebook 轮播广告	90 个字符	40 个字符	20 个字符
	Instagram 轮播广告	建议不超过 125 个字符（最多 2200 个字符）		
	Facebook Canvas	建议不超过 90 个字符	建议不超过 45 个字符	

续表

广告目标	版位	说明文本	标题	链接描述
主页帖文互动	Facebook 照片	90 个字符		
	Facebook 视频	90 个字符		
	Facebook 文本	500 个字符		
	Instagram	建议不超过 125 个字符		
视频观看量	Facebook 视频	90 个字符		
	Instagram 视频观看量	建议不超过 125 个字符（最多 2200 个字符）		
网站转化量	Facebook 链接	90 个字符	25 个字符	30 个字符
	Instagram 链接	建议不超过 125 个字符		
	Facebook 轮播广告	90 个字符	40 个字符	20 个字符
	Instagram 轮播广告	建议不超过 125 个字符		
	Canvas	不超过 90 个字符（推荐长度）	建议不超过 45 个字符（推荐长度）	

表6-2　不同广告目标对于文本和标题的字符数建议

广告目标	说明文本	标题	动态消息广告说明
活动响应	90 个字符	25 个字符	30 个字符
开发潜在客户	90 个字符	25 个字符	30 个字符
提升本地市场知名度	90 个字符	25 个字符	30 个字符
优惠领取	90 个字符	25 个字符	
主页赞	90 个字符	25 个字符	

通过表 6-1 和表 6-2 我们了解到，不同的版位对字符的限定是不一样的，而同一个广告又无法分别对各种版位的文本进行编辑，所以为了兼顾各种版位的广告都能获得良好的展示效果，以在较小屏幕上最多能够展示的广告文案字符数为准。当然，如果所做的广告只需以某一种版位来展示的话，则可以在表 6-1 和表 6-2 中查看对应的广告目标和版位对文本字符的限定。

Facebook 的广告投放成功与否，广告文案是很重要的一个因素，那么如何写出能打动人的 Facebook 帖文，使广告文案更有效，并且与广告的风格、基调保持一致呢？接下来就来了解撰写广告文案的一些技巧。

① 表现风格。首先要考虑广告的表现风格，要能够明确反映出业务的特点，是幽默风趣的、十分正式严谨的，还是大胆冒险的。每个商家都有自己的品牌个性，其表现得越真实，广告的效果就会越好。因此，在文案中，要传达出前后一致的品牌形象。

② 重点突出。我们要知道，用户翻阅 Facebook 的速度很快，因此，他们停下来仔细阅读内容的情况很少。广告要做到重点突出，并且简明扼要，尽量以有限的文字清晰表达出精彩的内容。还可以提出你希望用户采取的特定操作，如访问店铺、请求提供免费报价、访问网站等。

③ 以客户为中心撰写文案。站在客户的角度思考如何谈论一个事物，什么样的内容在情感上对他们有吸引力。不管我们花费多少时间思考如何推广自己的业务，客户也只会关心自己的生活。因此，我们要设身处地地想想"什么原因让我喜欢这家店"。

2. Facebook 粉丝积累

1）增加 Facebook 主页及专页粉丝

在 Facebook 上不可随意加好友。Facebook 是强关系平台，相互认识才可以加好友。其实，不相互认识也可以加好友，可是对方如果不知道你是谁，则可以举报。如果你收到很多举报，那么你的账号可能会被封掉，所以要小心。举报的习惯各国家有所不同，比如印尼人不怎么举报（粉丝有很多不认识的好友），但是在欧美如果客户觉得是广告，则一定会举报。Facebook 是当今唯一在流量上可以和 Google 并驾齐驱的站点，作为跨境从业者，我们不仅要抓住 Google 的流量，同时也不能放弃 Facebook 带来的大流量。

（1）如何增加 Facebook 主页粉丝。

增加粉丝有三种方法：僵尸粉——面子工程，不建议操作；广告——投入大，公司推广可以做参考；内容引流——形成强相关性的重要渠道。

（2）如何让 Facebook 为网站带来流量，以下是常用的几种方式。

① Facebook 所打造的社区是交流式社区，人们都喜欢寻找自己感兴趣的人或者事。如何写出让人眼前一亮的个性化资料，值得深入研究。

② 在涂鸦墙和照片夹中放置一些比较有趣的、有价值的信息。Facebook 的涂鸦墙很像中国的微博，可以在上面写出自己现在的心情。不建议放一些关于产品的信息，广告容易让人厌恶。建议放一些和自己的产品贴近、比较有意思的东西，引导粉丝来关注网站。

③ 建立自己的网络。Facebook 是一个交友式的互动平台，建立自己的友谊圈子，发现对你的网站感兴趣的人群。

④ 保持更新。必须时常保持 Facebook 的各类信息包括博客的文章更新，建议每天更新两次，这样才能持续引来流量。

⑤ 活跃起来。如何让 Facebook 主页受到更多人的关注，或者给人留下最深的印象？多去参与别人的博客分享，尤其是你的竞争对手和同行账号；多参加各类圈子。

⑥ 安排好个人主页。Facebook 的应用很灵活，安排好自己所需要的应用，充分利用 RSS 的提交功能。

⑦ 确定自己所需要的应用。Facebook 的应用众多，挑选自己最擅长和最需要的应用放在首页，例如，链接的发布和博客。

⑧ 使用 Facebook 的广告联盟。Facebook 提供了其网站的内部广告联盟，也可以说是 PPC。此项功能是付费的，可以根据自己的使用情况来规划。

（3）如何正确建立自己的圈子呢？

① 建立自己的专页，目的是推荐给好友，以及关心你及你产品的人，同时你的朋友也可以将该专页分享给他们的朋友。

② 涂鸦墙是一个即时信息发布的工具，可以发布文字、照片、视频及链接，在好友的个人动态中能实时看到你发布的信息。如果你的好友足够多，那么涂鸦墙就是展示你的动态最好的舞台。当然，实时地推广网站的链接也很有必要。

③ 加入群组。Facebook 是目前全球最活跃的社区平台，只要是你想得到的群组，就可以在 Facebook 上进行搜索。

④ 建立群组。如果你是销售手机壳的卖家，那么可以建立一个群组，发布比较有吸引力的照片、内容及视频，到人气比较旺的群组去推荐你的群组。这就好像 QQ 群，很多新群都是进老群拉人的，你就是自己的群组的管理员，广告大权全部在你手中。

⑤ 增加好友。好友不能盲目增加，要有针对性和目的性。比如你的站点是一个宠物网站，则可以先加入关于宠物的群组中，然后再添加里面的成员作为朋友，因为他们都是对宠物感兴趣的人，这些人才是你应该加的。再比如你的站点是卖包的，则应该加入和手提包或与时尚、年轻女性有关的群组中，因为这里的主体是你的目标客户群。进入相关群组后，在你自己的主页、照片中多放一些大家感兴趣的照片和内容，长期经营即可增加粉丝，获得转化。

（4）如何增加 Facebook 专页粉丝？可以通过以下几种方式。

① 借势。在其他 SNS 平台上找质量好的图片——符合发帖的一系列标准，幽默搞笑是很好的题材。可将其他 SNS 平台上达到 500 或 1000 个分享的帖子，放入个人专页中。

② 参与。增加帖子的参与度，比如联系平日搜集到的一些名人，将帖子放在其专页上，再链接到自己的 Facebook 专页上。也可以将帖子分享到相关群组中。需要经常换位思考：我能给他的页面带来什么？

③ 跟进状态。密切观察评论、反馈等，效果好的可及时进行推广加强。

④ 保持整个页面的和谐度。如果页面的广告内容过多，则不利于粉丝的参与。

⑤ 以提问的形式发帖。题目多以问题的方式出现，能让用户使用 Facebook Tag 功能，即相当于国内的微信、微博的 @。

2）如何免费寻找精准粉丝

（1）为别人制作优质内容。和博客一样，在 Facebook 上也可以借助别人的平台来曝光自己的页面，从而增加粉丝数量。那么要如何做呢？

- 搜集 10～20 家和你的产品互补的公司。比如你的公司是卖女性鞋子的，那么可以搜集卖女性婚纱、女性衣服、女性裤子、女性高跟鞋等互补和差异化的专页。
- 要为这些页面写出有用的、高质量的文章。
- 将文章发送给你搜集到的这些专页，这些页面如果接受了，则会放置一个 credit（相当于原文出处）并且 @ 你的 Facebook 页面。

在一个月内可以给所搜集到的这些互补的页面发 2～3 次消息，你的页面曝光越多，粉丝增加得就越快。当然，很重要的一点是，内容要和他们的内容相关或者互补（一定不是竞争关系）。

（2）寻找交叉推广。交叉推广就是友情互相链接。首先搜集 20～30 个和产品互补的 Facebook 页面，这些页面在我们的页面上进行软文宣传，这对双方都有利。然后可以按照表 6-3 所示的指标来追踪合作方。

表6-3 交叉推广页面统计表

页面的名字	页面的地址链接	产品是什么	粉丝数量	状态	发表的时间	获得的粉丝数
		他们的产品是什么	对方有多少个粉丝群	你发消息之后对方是允许合作还是已经发布完	对方什么时候发了帖子提到你	在哪一天你得到了多少粉丝

（3）善于利用"意见领袖"的力量。意见领袖是在团队中构成信息和影响的重要来源，并能左右多数人态度倾向的少数人。尽管不一定是团体正式领袖，但其往往消息灵通、精通时事，或足智多谋，在某方面有出色才干，或有一定人际关系能力而获得大家认可从而成为群众或公众的意见领袖。在消费行为学中，意见领袖特指为他人过滤、解释或提供信息的人，这种人因为持续关注程度高而对某类产品或服务有更多的知识和经验。家庭成员、朋友或媒体、虚拟社区消息灵通的权威人士常常充当意见领袖。

借助他们的力量为自己的宣传造势，也就是借力打力。Facebook 和微信有很多相似之处，这里以增加自己的微信公众号的关注数量为例来进行介绍。

为了增加微信公众号的关注数量，可以考虑借用专家来给用户答疑解惑，用户对专家的信任度高，久而久之就会对你的平台产生黏性，邀请很多朋友进行关注。

例如，所从事的行业是跨境电商，受众对象是外贸从业者，目标是增加微信公众号的关注数量。步骤如下：

① 邀请行业专家讲解 AliExpress、Amazon、Wish、eBay 等，以增加噱头。
② 分享 & 截图到朋友圈。
③ 邀请用户加入群。

完成上述步骤后，微信公众号的关注数量便可增加。

案例实操

找目标客户

做推广一定要有足够量的好友资源，这样所发的广告才更有机会被人看到。而且添加好友并非是乱加的，要通过一定技巧使你的人脉圈尽可能是你所从事的行业内人员。

1. 利用关键词搜索

第一种方法比较简单和直接，登录 Facebook 后直接在搜索栏中输入产品的关键词。

以"Stainless Steel"为例，在搜索框中输入"Stainless Steel"以后，不要按回车键，而是用鼠标点击"搜索"按钮，这样才不会只搜索出默认的第一个页面，点击"Pages（页面）"即可看到关于 Stainless Steel 的 Facebook 专页，如图 6-23 所示。

输入了关键词以后，系统会匹配出与这个关键词有关的用户，从而可以从这些用户入手，当然这些用户中肯定会有一些是你的竞争对手，这也是一个很好的机会，可以从你的竞争对手中获取到更好的信息。

任务 6　跨境营销——SNS 海外营销策略

图 6-23　利用关键词搜索

2.搜索竞争对手公司

目前，国内外去做 Facebook 推广的公司有很多，我们可以在搜索栏中输入竞争对手公司的名字用来获取客户资源，如图 6-24 所示。

图 6-24　搜索竞争对手公司

类似于图 6-24，假定这家 LED House 是一个竞争对手，在搜索栏中输入这个公司的名字并进入到他们的主页当中。接下来查看他们发过的一些推文，如果这家公司 Facebook 广告推广做得不错，他们推广的广告当中必定有对你有用的信息，如图 6-25 所示。

图 6-25 搜索竞争对手公司示例

在图 6-25 中，其中一条广告推广中显示出有 9 个人赞过这个广告，点一下这个数字 9 的这边，你就会看见有哪些人赞了这条广告。这其中或许就有你需要的客户信息。这样就可以通过该竞争对手公共主页去获取更多的资源。

3．加好友的好友

如果说你加的好友是从事你这个行业的，那么他的好友或许也会有一部分是从事这个行业的人，或许可能是他的客户，这些都是你可用的资源。

4．按目标市场来加好友

要尽可能多加一些目标市场的好友，这样会加大你的推广效率。

那么如何加到来自目标市场的好友且是行业内的好友呢？合适的方法是结合 Google 来添加。

以"LED"举例，假设你的目标市场在美国。可以通过 Google 输入 LED USA，LED Manufacture USA，……，你就会获取到很多同行的公司信息等。

当你获取到同行公司信息以后，那么就可以利用竞争对手获取好友资源。因此，结合 Google，你能更有效地去进行目标市场的推广。

3）在 Facebook 上如何做 Giveaways 获得更多的粉丝

在 SNS 平台上大体可以利用两种方式来引流：一种是利用别人的朋友圈，你再引流过来成为自己的好友，表现为 Facebook Group、红人等，只要掌握相关技巧，即可直接利用别人朋友圈的人来为自己服务；另一种是自己圈人，比如在 Facebook 上建立粉丝页面。

这两种引流方式都围绕着一个核心点——人！所以在 SNS 平台上首先必须专注于人的作用，有人就意味着可以不断地围绕这些人进行营销、推广，而且就像一个水池，里面的水会越聚越多，这种力量不可想象！

首先要理解 Giveaways（免费样品）的意思。Giveaways 不是 freebie（免费赠送的东西），freebie 是用户来了就送奖品，不需要任何条件。比如有 1 000 份奖品，只要是前 1 000 个人就可以获奖。而 Giveaways 是一种 contest（通常官方页面的粉丝参与者会这样称呼），需要制订游戏规则。

站在 Facebook 用户的角度，通常用户想参与一个 Giveaways 活动，最想知道三件事情：

第一，奖品是什么（看是不是吸引他）。

第二，奖品有多少（如果奖品很少，竞争太激烈，则意义也不大）。

第三，如何参与（此时需要明确参赛规则）。

了解了以上三个因素后，便会关注 Giveaways 活动什么时候开始、什么时候结束。

站在 Giveaways 活动策划人员的角度，需要在文案中明确前面所考虑的事情。文案怎么写，具体要与项目相结合。下面以一个 Giveaways 活动为例进行讲解。

策划的项目是床品。床品作为奖品的话是很容易吸引人的，因为这个产品是生活必备的。一般情况下，Winner（胜者）有 10～20 人，这个数量可以吸引人来互动。一般设定的 Giveaways 活动期限是 1 周，时间不能太短，也不能太长，太短会让人紧张，太长则不利于互动。产品有了，Winner 数量有了，期限有了，下面就是规则的制订工作了。

商家目的很明确，就是要增加粉丝，如果能带来流量则更佳。下面介绍两种参与形式。

第一种：问卷调查。

假定这里有三款想主推的产品，则可以通过问卷调查的形式向顾客提问，如"如果要介绍给你的朋友、同事或者亲戚，你会推荐哪款？"而奖品不必是这三款产品，可以另外提供奖品。这样在文案中可以出现 4 个产品链接，其中 3 个是用来查看比较和回答问题的，第 4 个就是奖品的链接。在通常情况下，参与者都会点击这些链接来看，从而可以增加网站流量。那么如何设定 Winner 呢？我们做活动的目的是希望与用户互动，所以要调动起大家互动的情绪。因此，可以这样设定 Winner：首先，让参与者给出答案，要求他用自己的方式拉朋友给自己的回答点赞，点赞越多，越有机会得到奖品；其次，如果 @friends like our page，@ 越多，得奖的机会也越多。

第二种：结合主题提问。

一般情况下，Giveaways 活动要有一个由头，如 weekly（每周）、monthly（每月），或者最好根据节日，如父亲节、母亲节、Back to School 等，那么你的问题可以根据活动由头来定。对于 Back to School 的 Giveaways 活动，提问可能就是 What is your favorite subject or University？（你最喜欢的项目或者大学？）等，问题要简单，易答，越简单，越能吸引人参与。

可以把这两种形式看成宣传帖和参与帖，所要达到的目的是一样的，即获得粉丝，最好还有流量。

一般参与者都会点赞帖子、分享帖子，重点是点赞帖子能增加粉丝。这样可以获得更多的粉丝。

做活动，要尽量结合推广方法，下面介绍一种推广方法。

首先，要以免费的不涉及广告为原则。还是以床品为例，可以在做活动的前一天早上发一个帖子，内容是明天活动的奖品的 4 种颜色。发帖子问大家喜欢哪种颜色，并贴出这个奖品的链接。这时大家就会发表自己的看法，在每个评论下面进行回应，告诉他拥有一套免费的自己喜欢的颜色的床品不是梦，赶紧来参与我们明天的活动吧，并附上链接。

其次，给之前所有发过信息的粉丝发一条消息，告知他们明天有活动，欢迎参与。还有，文案要写得委婉，尽量让大家不会觉得你在骚扰他们（有一点要注意：Facebook 不允许发送太多的私信，所以要小心）。例如：

Dear XXX, XXX has a weekly free bed sheet give away.If you are interested, please take a look at the post.If not, simply ignore this mail.Thanks for your support. Have a nice day!

还可以在你经常去的群组中进行分享，尽量不要到要求太严格的群组去分享，免得被其踢出。

当然，也可以去找一些 Facebook 或者 Google 上的 Giveaways promotion community/Website，可自己结合搜索引擎进行搜索。

3. 做好 Facebook 营销的技巧

很多外贸企业已经将 Facebook 作为打进海外市场的必备工具，但是大部分企业并没有真正掌握运营Facebook的技巧，一味地模仿其他大品牌，却很难达到理想的效果。下面介绍一些运用Facebook实现推广目标的营销技巧。

1）吸引粉丝关注

（1）创建"可亲"的页面。要想让别人喜欢自己，首先要让自己看起来比较"可亲"，一个杂乱无章的页面很可能会引起访问者的反感。对一个Facebook页面来说，要想给访问者留下一个好印象，要从以下几个方面来完善：优质的商品服务、及时更新的商品信息、内容优质的帖子、与粉丝之前的活跃互动。

（2）忠诚粉丝要感谢。你的商品品牌在市场已经有了一定程度的良好形象，并积累了一定的客户群，并刚刚建立了自己的Facebook页面，此时可以鼓励自己的忠诚客户加入Facebook支持自己。要知道一个满意客户的宣传就是一个最好的宣传，而且能吸引更多的访问者为你打上"like"的标签。

而对于支持自己的忠诚客户也不要吝啬，可以用一些自设的徽章或标签对他们表示感谢，或者在销售商品上给他们一定的优惠。

（3）利用好现有的社会化网络。除了Facebook，其他站外引流还可借助Pinterest、YouTube、Twitter等网站，在这些网站上都可以展示自己的产品。这些网站也可以形成一个推广营销网络。如果在其他网站如Twitter上已经形成一个颇具规模的业务圈子，可以利用它来推广自己的Facebook页面，这样就能同时在两个社交平台上宣传自己的产品，让自己的产品吸引到更多的关注。

（4）要整合Facebook的社交插件。同时利用多个社交性网站展开社会化推广营销是一种有效的推广方式，但在利用社会化媒体营销的过程中，需要有一个网络枢纽将所有的社会化媒体活动联结起来，这样做是为了更好地控制推广内容和品牌管理。

在Facebook网站中，可以添加Facebook的社交插件，如like box，like button，以此来提高各个社交平台之间的联系。随着Facebook访问量的提高，你的页面也会更多地出现在粉丝及其朋友的"推送"中，也就能让更多的访问者看到自己的Facebook页面，进而提高访问量。

（5）利用好论坛签名与合作网站。如果你在论坛中表现活跃，或者有合作的网站，可以在论坛或合作网站的签名档中添加自己Facebook页面的链接。但是，在链接组中一定要经常发表一些具有实用性的文章，只有你的参与获得了认可，才能有更多的机会让别人看到自己及自己的商品。

（6）主动向朋友寻求帮助。刚刚建立fan page（粉丝页面）时可能很少有互动,所以在初级阶段可以主动向自己的朋友发送互动信息,让他们参与一些话题讨论,以调动气氛。不过要保证让他们讨论的话题一定要具有足够的趣味性。

(7) 参与高人气的 Facebook 页面。借助 Facebook Directory 和 Facebook Search 搜索与自己商品相关的 Facebook 页面,或搜索一些与自己业务相关的讨论,同时向这些 Facebook 页面提供一些有价值的信息,并与它们的管理员和会员建立一种信任关系,在有一定的了解后可以让他们去访问自己的 Facebook 页面。

(8) 联合其他 Facebook 页面管理员组织社交活动。与其他 Facebook 页面管理员联合,共同开展一些能让双方粉丝都获益的社交活动,这样既能加深彼此之间的了解,又能达到宣传推广的效果。在组织活动前一定要进行适当的规划,以保证让每个人的专业目标都能实现。

2) 充分利用好老客户资源

卖家都有免费的老客户资源。卖家可以给老客户发邮件欢迎他们关注公司页面,不管是否能成功,告知老客户很有必要,在给客户发货时也可以附上 Facebook 页面的网址。注意图片要精美,如果受限于产品属性,起码要做到简洁、大方。因为社交媒体时代是读图时代,图片是全球通用的语言,产品图片有卖点才能打动客户,社交营销尤其如此。

那么如何知道老客户是否在 Facebook 上呢?

方法一:将通讯录列表导入到 Facebook 广告后台,后台会将列表中可以跟踪到的客户告知卖家。

方法二:直接询问客户经常使用哪些社交网站,在 Facebook 广告中,有一个 Power Editor(Facebook 提供的广告建立和管理插件)高级功能,它可以实现定制化受众的功能。

卖家将老客户联系表单导入后,就可以知道老客户中有多少人在使用 Facebook Power Editor。比起 Facebook 的普通广告页面,其功能更加全面。在广告受众选项中,有自定义受众和创建类似受众的选项。根据后台列表格式,将老客户列表上传。建议将邮箱和电话号码分别上传,以增加覆盖率。

3) 提升页面互动性

下面分享几个 Facebook 内容运营的技巧,以帮助企业提升页面互动性。

(1) 内容富有创意。如果企业只是一味地介绍产品,如产品功能、价格、产品特色等,很容易引起粉丝的反感。粉丝们更喜欢关注富有创意的内容,因此,企业在发布信息时最好加入自己的创意,这样才能获得更多的关注。

（2）内容简单化。大多数粉丝都不喜欢长篇大论，因此，企业在发布内容时最好使用简单的句子，或将复杂的信息简单化，这样的内容会更具传播性。

（3）呼唤粉丝互动。要想增加社交媒体的互动性，企业可以主动发起一些活动，激发粉丝们参与，如呼唤粉丝参与投票。通常内容新颖、能够调动粉丝热情的帖子更容易成为热帖。

（4）善用图片。相对于文字来说，图片更能给人带来直观的感官冲击，因此，可以将想要发表的内容以图片的形式展现，这样更容易吸引粉丝的关注。

（5）善用留白。留白就是提出一个问题，然后留一个空白让粉丝来填空。如果问题问得比较好，就能引起粉丝们的热烈评论，此时企业再进行及时的回复互动，也能激发粉丝的热情。

（6）内容具有说服性。人都是感性动物，带有丰富情感且能引起共鸣的句子或内容更容易拉近企业与粉丝之间的距离。因此，企业在发布内容时最好使用情感丰富且具有说服性的文字。

（7）讲述品牌故事。展示的重要性大于叙述，因此，不要在上面直接发布产品信息、服务内容这些硬性推销的信息，而要尝试着讲一下品牌和企业背后的人与故事。

（8）选择合适的发布时间。遇到好的文章要进行转载，每周两条，发布时间控制在当地中午 12 点半到下午 2 点之间，效果最好。原创文章发布时间放在上午 10 点以后，当地时间下午 3～6 点适合发布一些有趣的有话题感的内容，因为这段时间外国女性比较空，写评论参与的几率比较大。

（9）保证内容有价值，删除一些价值不高的内容。

（10）定位企业在线风格。Facebook 运营人员需了解企业，把企业的在线风格定位好，并保持一致，约 90% 的人员可能忽略了这一点。

6.3　Twitter营销推广

要想使海外营销快速见效，Twitter 是一个很好的选择。Twitter 允许用户浏览所有人的 Twitter 内容，而不必拥有账号。如果用户需要 Twitter 传播的内容有组织性，并且需要固定的目标用户跟随，那就需要在 Twitter 上建立账号。

1. Twitter 主页的维护

为了让 Twitter 账号能发挥出更大的作用,Twitter 主页的维护非常重要。

1)完善主页信息

首先,修改 Twitter 头像,按照要求添加照片,注意头像照片要合适。照片最好是真实的,如果是企业,用 Logo 也可以;如果是个人,若不愿意用真实的照片,则可以用一些大众的图片,但不要用 PS 过的网上到处流传的美女帅哥图片,否则会降低好感度。

其次,个人信息介绍要完整。页面信息一定要完整,让别人更加了解你,也能对你更加信任,这样才能更快速、有效地提升 Twitter 账号的流量。如果有特定目标市场,可以使用该目标市场的语种;没有特定的目标市场的语言需求的话,则最好用英文介绍。总而言之,尽量不要使用中文。

另外,在头像下可以输入公司的全名,这样可以让公司主页显示出更专业的感觉。如果需要的话,则可以加入自己的主页或博客的链接地址。如果是作为公司账号进行运营推广的话,则建议附加上有公司文化象征的 Logo 图片,使账号看上去更加专业,公司形象更为鲜明。

2)发送属于自己的 Twitter 消息(推文)

设置完账号信息之后,就要开始我们的 Twitter 之旅了。

开启 Twitter 之旅的第一步就是发送一条 Twitter 消息,也就是推文。

推文可以发布相关的文字和图片。在推文中也可以使用链接,但是建议链接的信息要与业务相关,否则会被当成垃圾链接看待,效果会大打折扣。同时在推文中尽量使用不同类型的内容,比如链接、图片和文字相结合,内容形式的多样化更能吸引用户。

每天发布推文至少 3~5 条。这个发布频率是比较适中的,3~5 条推文要分散在一天中的不同时段发送,时不时地冒出来发布一下,让别人时不时地记起你,这在账号推广初期也是必需的。但是也不要过于频繁,有刷屏之嫌,容易被屏蔽。

注意不要过分推销产品,推销产品的内容占总内容的比例 20% 即可,也就是 5 条其他内容中,穿插一条产品信息。过分推销产品,广告味太重;不推销自己,效果又会比较差,所以推销内容要适中。

3)找到正确的人并成为他的粉丝

在 Twitter 上,我们可以追随那些在相关行业内很有影响力的人物,从他们那里吸取经验,了解行业动态,最好可以和他们进行话题互动,这样就可以大大提升我们账号的专业性和知名度。在每个行业或领域中,总有一些粉丝数量比较多的人,多跟他们互动会有很好的宣传效果,也就是我们通常所说的"网红效应"。

那么如何找到这样的红人,并且成为你的粉丝呢?

首先,有三条渠道可以查找相关领域的人或事。第一条渠道是在账户主页上直接搜索 Tweet 话题,查找话题下评论、点赞数多的人;第二条渠道是在账户主页左侧的"趋势"中查找当下最火的话题,然后查找话题下粉丝数量多的人;第三条渠道就是在账户主页右侧的"推荐关注"中查找和我们自己的行业相关的人或事,如图 6-26 所示。

图 6-26 查找相关领域的人或事

找到粉丝数量比较多的用户之后,单击"Follow"按钮,就成为该用户的粉丝,可以了解到该用户的最新动态。

其次,如果觉得一个个地"Follow"太过麻烦,则可以"Follow"整个列表,这相当于一键"Follow"多人。当然,还需要找到与我们自己的行业相关的其他用户,比如用户 A,然后打开用户 A 的个人资料,点击他的 List 表单,就可以看到他所设置的所有公开列表分类,找到我们希望 Follow 的列表,点击列表上方的"Follow"按钮就可以一键"Follow"整个列表了。这样可以节省很多寻找的时间。

4）管理自己的 Following 和 Follower

对社交网站的运用和我们正常理解的沟通交流方式不同，我们并不是只能接收到传统媒体或身边的人所告诉的行业情报，事实上我们平时所接收到的所有信息也只是经过一小部分人处理后得出来的结果。而在社交网站上其实还有很多同样热衷于相关行业的用户、账号，甚至是公众媒体，将众多兴趣爱好者的声音汇总起来才能得到我们所需要的更为准确的商业情报。

这样就要求我们能够通过社交网站接收到更多的信息，看到不同角度的事件或产品描述。但是一旦这样做了，我们就会自然地觉得这样处理多方资讯需要耗费大量的精力。当信息量过多时就会出现信息接收受阻，反而制约了我们对信息的使用效率。使用过 Twitter 账号的卖家可能会有这样的感觉，当 Twitter 账号中 Following（关注者）和 Follower（跟随者）的数量越来越多时，对账号的使用效果反而会下降。这时就需要我们熟练运用 Twitter List 的功能，帮助我们建立资讯分组疏通的渠道，使我们的信息在覆盖全面的同时能够更加精准，具有针对性。

那么，什么是 List 呢？List 该如何管理呢？

顾名思义，List 就是列表、分组，可以将我们所关注的所有人进行分类管理，这样就可以有针对性地了解和掌握对应分组的信息更新，如图 6-27 所示。比如一个运营计算机产品的公司账号，可以为账号设置两个 List，分别是"Computer（计算机）"和"News（新闻）"，那么当单击"Computer"分组时，就只会看到计算机分组下用户分享的信息。

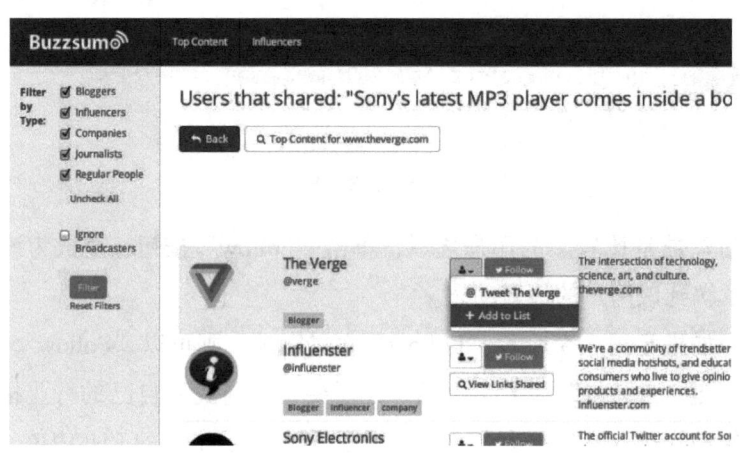

图 6-27 分类管理

由此可知，List 就是把过多的资讯分流，按照不同的功能、目的、用途分开。企业用户可以利用这个功能把产品 A 和产品 B 的使用者分在不同的群组中，给予不同的服务；个人用户可以根据自己的需求建立朋友清单、科技新闻清单、社会新闻清单等。当用户 Follow 别人的清单时，清单中的推文不会显示在首页的 Timeline 中，可以有效地减少资讯过载的问题。

而且添加 List 并不需要成为 Follower，所以我们可以将不同重要层次的好友（需要关注的程度不同）分为不同的列表，有些好友未必需要 Follow，也可以通过 List 来了解他们的更新。另外，List 也可以用来关注相对聚焦的内容。

有趣的是，添加 List 并不以添加关注为前提，也就是说，在针对竞争对手时，可以将竞争者放入 List 中，这样我们可以随时关注对方的动态，但是对方却不知道。

2. Twitter 营销策略

1）选择自己需要的受众范围

很多卖家在做 Twitter 营销推广的初期都会进入一个认识的误区，就是如果要在 Twitter 上获得大量的访问量，提升个人或企业的声誉，则需要建立庞大的跟随者列表，并大量散布链接。跟随者越多，倾听你的人就越多，也就越容易传播你的信息。当然，并不是说这样的做法是错误的，只是不建议在账号建立初期就以大批量的 Follower 为目标。

因为这样做会存在一个问题，就是我们所获得的都是低价值的跟随者，在短时间获得的粉丝中有很大一部分是不活跃的或不回应的，甚至有很多是自我推销者、垃圾邮件发送者或自动账户。这些用户实际上可能对我们并不感兴趣，他们唯一的作用就是使 Twitter 账号的粉丝数量看起来不错。虽然很多人都会根据跟随者的数量来判断 Twitter 账号的影响力，但对于企业来说，Twitter 营销的重点不是跟随者数量，而是转化率。在内容传播和获得流量、销售方面，有针对性的 1 000 名 Twitter 跟随者可以轻松超越 10 000 名不活跃的跟随者。

而且跟进各种各样的 Twitter 用户，并抛出大量千篇一律的链接来吸引买方或读者，这种粗放型的营销方法是远远不能满足企业的营销需求的。那么企业该如何通过 Twitter 推广自己的网站和品牌呢？

首先，要锁定目标群体，选择自己需要的受众范围，有针对性地进行粉丝互动、交流才能有更好的营销转化效果。

其次，不要自动地跟进大批用户，再进行筛选，因为自动跟进大批用户最终获得的只是对我们不感兴趣或仅有一点点兴趣的用户。最基本的办法就是寻找相关联的 Twitter 用户。Twitter 用户定位可以参考速卖通卖家店铺的客户购买分析。

例如，可以按照国家/地区进行受众人群画像，在速卖通店铺中购买群体集中在东欧、北美国家，购买力在中等以上，这些都可以作为 Twitter 用户群体定位的参考标准。并且在此基础上可以进行适当的拓展，比如可以拓展到北欧、大洋洲，并作为重点推广的对象去尝试，则会收到更好的反馈效果。

也可以按照专业度进行受众人群画像，比如公司产品集中在 3C 消费电子类目，那么受众群体就定位在对消费电子产品感兴趣的社群中，尤其是对消费电子产品狂热的人群中。

最后，确定好受众对象之后，再根据受众群体的特点有针对性地设计 Tweet 并发布，选择性地添加合适的 List 和社群，进行定向型的话题讨论。

2）创建自己的 Twitter 营销计划

Twitter 营销主要有以下几种操作途径。

（1）利用"名人效应"进行推广。我们可以在 Twitter 的目录上通过关键词来追踪和查找潜在客户，虽然这样做可以简洁、有效地选择优质的潜在用户，但是和每个潜在用户进行互动还是需要大量的时间和精力的。在正常情况下，卖家很难做到单独设立一个岗位做 Twitter 账户的营销推广，这样就遇到了新的问题：如何在短期内以较少的劳动付出来锁定潜在用户并与之进行互动？

答案就是借助"名人效应"，其中一种方法就是通常人们所理解的"网络红人营销"，因为"网络红人"拥有较为庞大的忠实粉丝群，他们能在 Twitter 的站内推广我们的产品。而且大众跟随者所发布的链接和专业领域内权威人士所赞同的链接跟我们用普通账户发布的 Tweet 所产生的效果是不一样的，有影响力的人士可以为产品带来更高的可信度。但是我们需要为这些网络红人支付一定的宣传和推广费用。

当然，还有一种不需要推广费用的红人营销方法，适合中小型公司在初期进行尝试时使用。例如，可以找国外 Twitter 上的名人，如 Lady Gaga，在她在 Twitter 上发布信息的第一时间进行回复，而 Lady Gaga 的粉丝会持续不断地在后面进行回帖，并且因为 Lady Gaga 的知名度，回帖的数量会非常可观，这时如果我们的回帖排在前面，那么自然而然会有人点开看我们的信息内容。如果每次我们都能排在前面，那么就会有更多的人 Follow 我们的账户。这种做法可以同步推广到相关行业内的名人,如果能争取到他们对我们的关注,效果会更好。

(2)使用正确的"#"标签。想要 Twitter 获得更多的关注,可以使用"#"标签,这样也会加强和粉丝的联系。然而"#"的使用次数也有讲究,不可一味地为了加强吸引度而滥用。通常我们可以利用 Hashtagify 和 RiteTag 工具来帮助我们设置标签。结合使用这两个工具,你就会得到符合自己的 Twitter 标签,这可以加强与粉丝的互动并且吸引更多对这些标签内容感兴趣的人。

(3)利用 Tweet 宣传。可以通过 Tweet 发布广告,比如通过 Tweet 宣传我们的产品,在内容中可以添加产品文字介绍、产品详细图片和产品销售链接。广告会让关注者知道我们的专业领域和所销售的产品类目。

(4)发布有图片的推文。有图片的推文更有吸引力,会在瞬间获得浏览者的关注,但是发推文的难点在于如何选择合适的图片。在图片中我们还可以添加链接,以此减少链接多次引起的用户反感,也在一定程度上让浏览者更愿意点击图片看到你想让他们看到的内容。

(5)通过 Twitter 的活动和粉丝互动。可以设置提问,和大众一起讨论公司发展问题,以及设置一些转发抽奖的小活动来提升关注者的活跃性。加强和粉丝间的互动交流,提供更加人性化的服务,可以大大提升粉丝的活跃性,保证营销效果。

比如故意寻求帮助就是一个非常有效的方法,百事公司就是一个很好的例子。当百事公司刚刚进入 Twitter 时,发现 Twitter 上的用户不仅关注产品本身,而且也乐于同企业探讨有关品牌建设和发展等众多问题。Follower 乐于接受公司的邀请并参与各类线上和线下的活动,而且主动积极分享自己的各种体验,所以百事公司加大了对 Twitter 平台上用户的营销推广,并且针对这些数据和特点推出了更有针对性的粉丝线上活动和更有效的互动问答。这样做不仅大大提升了产品的推广度,而且使得百事公司获得了更多人的推崇和喜爱。

所以,基于 Twitter 平台的特点,在 Twitter 上进行粉丝互动和开展各种活动会为我们带来诸多意想不到的效果。

3)发布合适的营销推广信息

上面介绍了 Tweet 的发布操作流程,以及如何利用 Tweet 发布营销推广信息。那么,在发布推文时如何保证我们的营销信息是合理、高效的?都需要注意些什么?下面进行具体介绍。

首先，一条推文尽量发布一个主题信息。不建议合并多条内容，最好不同类别的信息能够分别发送，这样可以提高营销信息推广的有效性。

其次，多样的话题标签可以吸引更多的阅读者。所以，在发布 Tweet 时可以同时放置多个相关联的话题标签，但是最好不要重复关联。使用多个标签可以让更多的搜索相关词语的用户发现我们，提高 Tweet 的曝光度。

第三，我们可以在手机上下载 Twitter 移动端，这样可以随时更新状态，并且及时了解行业热门话题的动态信息。

第四，记得要多多访问可以在 Twitter 上接收信息的网站，尤其是专业的行业论坛，我们在行业论坛上发布专业信息时，可以选择同步到 Twitter 账号上，这样可以构建更大的 Twitter 人际网络，让我们找到更多志同道合的人。

第五，如果想进一步提升 Twitter 账号的营销效果，让更多的人关注我们，则可以尝试寻找一种适合自己行业的 Twitter 账号风格类别，所发布的推文都按照这种类别的风格进行编辑，比如消费电子、时尚等相关主题，这样可以使 Tweet 更加专业，而且更具有趣味性。

最后，Twitter 是一个全球性社交平台，针对特定的类目，在编辑 Tweet 文案时，选择符合受众当地特色的营销方式很重要。比如亚太地区，最具特色的是日本市场，在日本市场 Twitter 的使用率要超过其他平台，日本用户的活跃度相对较高。同时，日本也是游戏大国，非常适合进行与游戏相关商品的推广，所以在日本与游戏相关类目的广告转化率就会比较高。

 6.4　Pinterest营销推广

1. Pinterest 功能介绍

1）Pinterest 注册

Pinterest 注册网址为 www.pinterest.com，如图 6-28 所示。

任务 6 跨境营销——SNS 海外营销策略

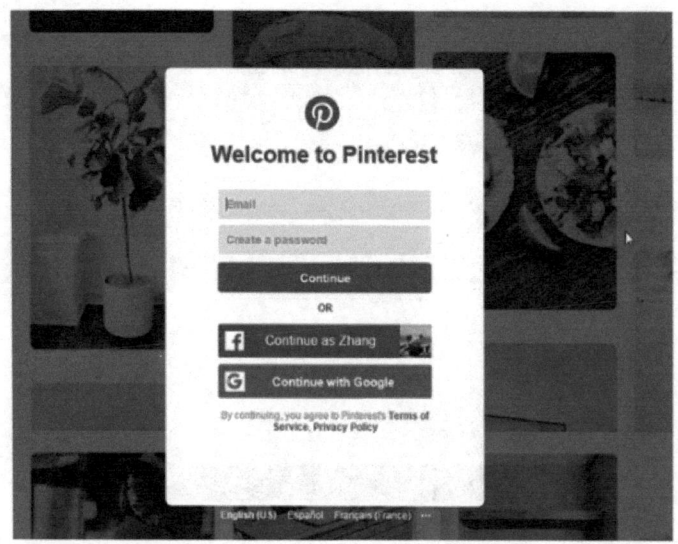

图 6-28 Pinterest 注册 1

根据提示填入账户名和年龄,再选择性别,然后单击"Sign up"按钮,如图 6-29 所示。

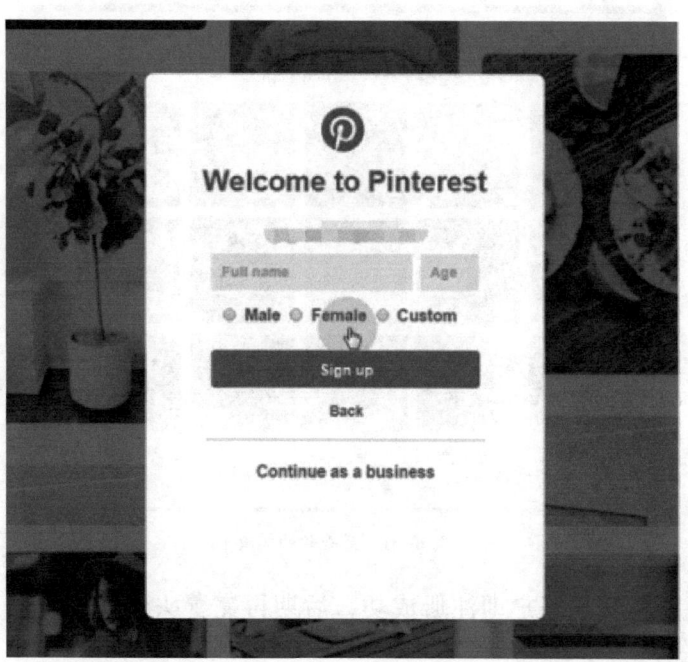

图 6-29 Pinterest 注册 2

在打开的页面中要求选择语言和国家(没有中文可以选择,但国家可以选中国),如图 6-30 所示。

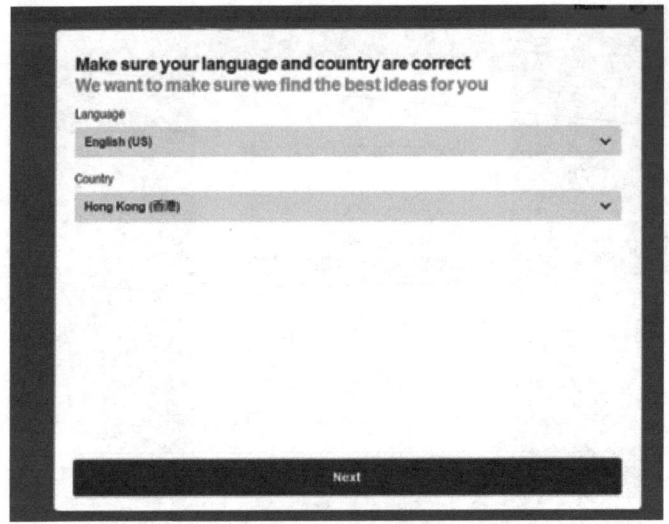

图 6-30 选择语言

接下来,选择 5 个比较感兴趣的模块,单击"Done"按钮完成注册,如图 6-31 所示。

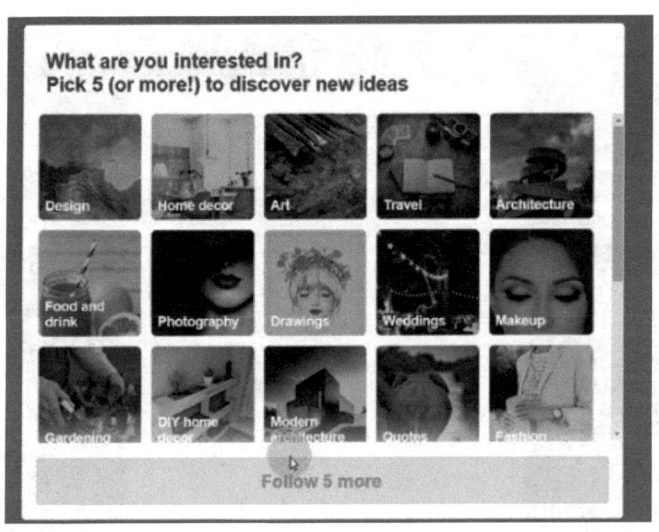

图 6-31 感兴趣的模块

随后页面跳转,账户即注册成功,后期再完善头像及公司信息即可,如图 6-32 所示。

注册完后,接下来要做的事情就是完善资料。

由于 Pinterest 排名算法会考虑个人资料中的链接和关键词,所以完善资料是万里长征中最重要的一步,如图 6-33 所示。

任务 6　跨境营销——SNS 海外营销策略

图 6-32　完善头像及公司信息

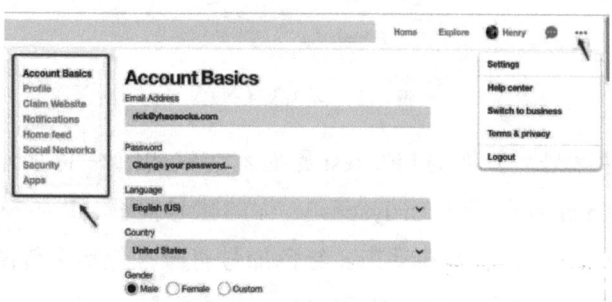

图 6-33　完善链接和关键词

头像最好选用公司的 Logo 作为 Username（用户名），这个就像微信号一样，是这个账号的唯一标志，其他用户可以通过这个直接链接到我们的 Pinterest 主页。Username（用户名）具有独一无二性，并且可多次修改。

2）企业账号（Business account）的创建

用个人账户登录后，如图 6-34 所示，选择"Switch to business"。

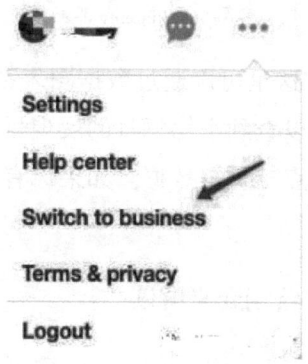

图 6-34　企业账号的创建

在打开的页面中填写企业名称（Business name）、企业类型（Business type）

和网站 URL（Website）后即可立马免费转为企业账号，如图 6-35 所示。

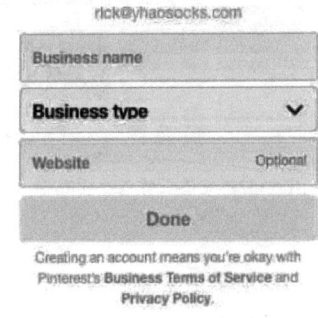

图 6-35　填写相关信息

转换为企业账号后，你的 Pinterest 界面就变成如图 6-36 所示的形式。从左到右依次是：Pinterest 分析（Analystics）、你的账号简介、Pinterest 广告（Ads）、搜索框、探索（Explore）、发布动态（红色加号符号，包括上传图片，创建广告等）、购物车、消息（平台消息和聊天信息）、个人资料，如图 6-36 所示。

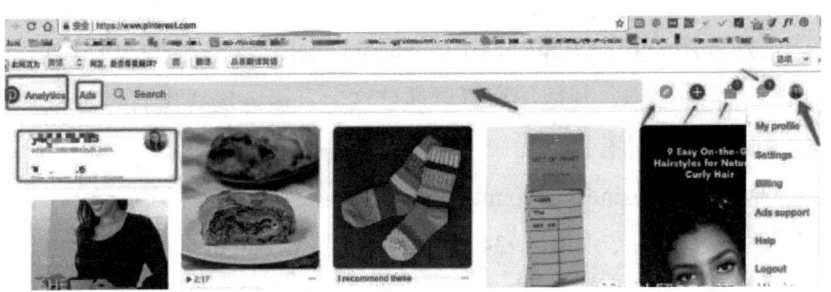

图 6-36　Pinterest 界面

"Analytics（分析）"，在这里可以通过数据图表帮助我们分析账户运作情况。通过此 Analytics（分析）可以查到平均每日的展现量、平均每日的访问量、到达多少人、月均访问量、月均点击量等数据。如果你有独立网站的一级域名，则可以查看更多的信息。

2. Pinterest 上的基本营销元素解读

1) Pins

Pins 即你在 Pinterest 上发表的帖子，发布 Pins 的人统称 pinners。

（1）发 Pins 的方法。一个 Pin 通常由一张图片、一个到外部网页的链接（可以是产品页面、登录或销售页面,文章页面、活动页面等)和几句简短的描述组成,并且发布时需要将其归类到它所属的board中,如图6-37所示。

图6-37 发Pins的方法

(2)在我们的Pinterest动态(Feeds)中,一共有以下4种Pins:

- Pins from people we follow(我们关注的人发布的Pins)。
- Popular Pins(最近的热门Pins,就像新浪微博的热门一样)。
- Suggested Pins(Pinterest根据你的喜好平台推荐的相关Pins)。
- Promoted Pins(即paid ads,就是别人付费推广的Pins)。

(3)对于别人的Pins,我们可以做这些,如图6-38所示。

图6-38 别人的Pins

- Send:即分享到其他社交平台或者分享给其他用户。
- Report Pin:即向平台反馈某个Pin。可以反映它是个垃圾Pin或者你不想看到这个Pin或者这个Pin侵犯了你的知识产权。
- Embed:即通过几个简单的代码将这个Pin创建成一个按钮或者小部件再加到你的网站上,访客可直接在网站上对这个Pin进行评论等。
- Save:以前叫作Repin。点击"Save"按钮即可将这个Pin保存到你的boards中(相当于转发),但这个Pin还是会显示它原来的简介和链接等信息。

对于别人的一个 Pin，你可以看到有多少人 Save（保存）了它，以及被保存到了什么 board 中。

注意，Pinterest 将一个 Pinner 的 Pin 被 Save（保存）数及相关因素（称为 Save rate）纳入了算法因素中。当你的 Pinner 的 Save rate 得分较高，Pinterest 就认为你很优秀，你的 Pins 质量高，很受欢迎，所以就会增加你的 Pins 的曝光率和排名。因此，要想 Pinterest 将你的 Pin 展示给更多的人，你就要想办法提高你的 Pins 的被 Save（保存）的次数。

另外，需要注意的是，只要别人从你的 board 中 Save 某个 Pin，你的 Save rate 值就会上升！不管你是这个 Pin 的创建者还是这个 Pin 只是你从别的 Pinner 那里 Save 的。简单地说，不管这个 Pin 是你发的还是转发的，只要别人从你这里转发了，得分就算成你的了！

Visit：单击进入这个 Pin 所链接到的外部网站（电商平台或博客或网站）。

Tried this Pin?：这个按字面意思理解，就是表示尝试过。

比如，你看到了一篇介绍某个菜谱的 Pin，然后你按着菜谱做了一道菜，你就可以单击"Tried this Pin？"，然后提交你的图片或留下你的反馈和小建议。

Tried 的数据分析不出现在 Pinterest Analytics 中，官方表明它们不把一个 Pin 被 Tried 的次数放入排名算法中。

对于他人的一个 Pin，你可以看到它被 Tried 的次数。

- Comments：即对这个 Pin 发表评论。

2）board

board 就是一个分门别类储藏 Pins 的储物柜，相同类型或主题的 Pins 可以归类到同一个 board 下。这样一来，你的 Pins 主题清晰，易于管理也易于访客找到他关心的内容。

那如何创建 board 呢？

步骤如下：如图 6-39～图 6-41 所示。

图 6-39　创建 board1

图 6-40　创建 board 2

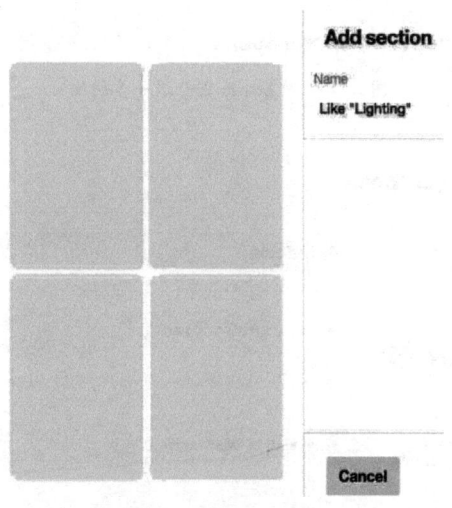

图 6-41　创建 board 3

比如：你创建了一个叫做"Sport socks"的 board，因为 Sport socks 又分为 Knee High，Crew，Ankle 等，所以可以创建几个称为"Knee High Sports Socks""Crew Sports Socks"等的 Section。如此一来，分类更加清楚，用户体验会更好，如图 6-42 所示。

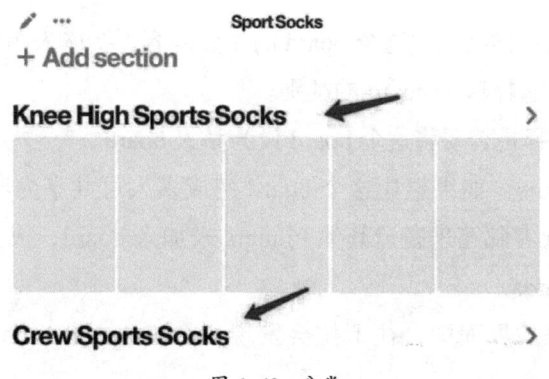

图 6-42　分类

在创建完 Section 后，要对 board 进行进一步的编辑。

如图 6-43 所示，单击一个像一支笔一样的按钮，然后会弹出 board 的编辑页面，如图 6-44 所示。

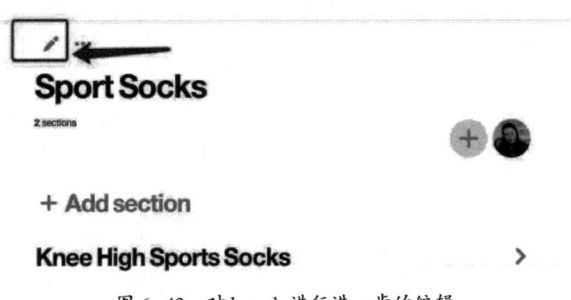

图 6-43　对 boards 进行进一步的编辑

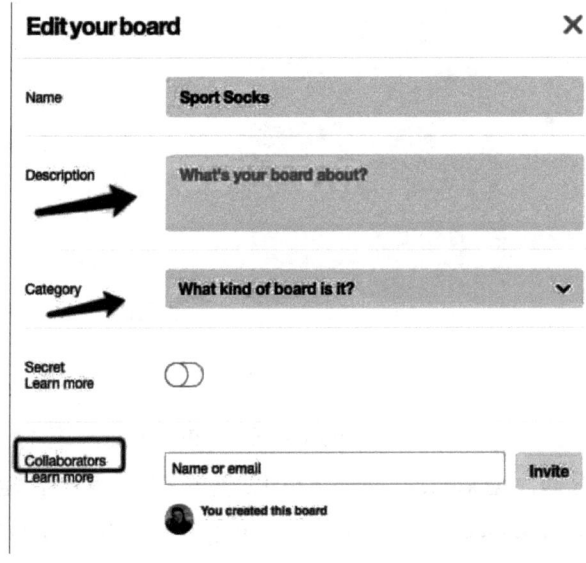

图 6-44　board 的编辑页面

① Description：详细描述这个 board 的主要内容，要嵌入相关关键词。

② Category：选择这个 board 的类别。

③ Secret：选择是否要将这个 board 设为私人 board。

④ Collaborators：如果想让这个 board 变成多人可共享内容的 Group board，你可以添加姓名或者邮箱来邀请其他 Pinners 来加入 board，成为 Collaborator。

3）Secret Boards

在创建 board 的界面中，往下拉会发现一个 Secret Boards 板块，如图 6-45 所示。

任务 6　跨境营销——SNS 海外营销策略

图 6-45　Secret Boards 板块

Secret Boards，就是一个私密的 board，只有你自己或者你邀请（授权）的人才能看到这里的 board，类似 QQ 空间的私密相册。创建完后，输入好友姓名、邮箱或者从其他社交平台上邀请好友即可。

4）Group boards

Group boards，也叫 collaborative boards，类似我们加的 Facebook 群组、QQ 群，可以理解为可共享内容的群组。

Group boards 有个明显的标志，就是一个圆圈+三个用户头像，其中，左侧头像的用户是这个 Group boards 的创建者，如图 6-46 所示。上面一幅图是个 Group boards，下面一幅图则不是。

图 6-46　Group boards

创建 Group boards 的人可以邀请其他的 Pinners 进去，非成员也可以向创建者提出加入申请然后等待邀请。

在加入某一 Group boards 后，就成为了这个 Group boards 的 contributors，就有了在里面发 Pin 的资格，所有这个 board 的 Followers（包括创建者和每个 contributors）都可以看到你发表的 Pins！

所以，这无疑是 Pinterest 营销的重要宝地！

但是，Group boards 建议只用私人账户创建和加入，企业的 Pinterest 账户尽量不要创建和加太多的 Group boards，掌控权握在自己手里对于企业品牌账户是比较合理的。另外，Pinterest 会时刻监控一个账号加入了哪些 Group boards 的，所以与主题不相关、用户参与度极低等低质量的 Group boards，一定要远离。

3. 做好 Pinterest 营销的技巧

对于个人来说，Pinterest 是一个图片分享网站，是能够享受体验的购物平台，能够满足自己消费的需求，而对于企业来说，可以借助 Pinterest 推广自己的产品或服务，打造自己品牌的知名度和信誉度。

为自己的 Pinterest 账号吸引尽可能多的流量，是做好 Pinterest 营销的基础，因此，需要做好以下几项工作。

1）完善 Pinterest 账号资料

为了增加粉丝的信任感，尽可能地让自己 Pinterest 账号的资料更加完整，包括头像、简介、准确的网站地址等。

2）设置"Pin it"按钮

可以在图片上设置"Pin it"按钮，或者也可以是当鼠标经过图片时出现一个"Pin"的按钮。如果人们对你的网站比较感兴趣，他们就会将你的产品图片 Pin 走，并直接将你对图片的描述放在自己的 board 中。这样就能够增加你的图片的权重，进而增加 Pinterest 账号的权重。

3）制作 Rich pin

Rich pin 能够使图片信息更丰富。Rich pin 有 6 种形式，分别是 App 类型、电影类型、美食类型、文章类型、产品类型和地点类型。

制作 Rich pin 的流程，如图 6-47 所示。

一旦 Rich pin 申请成功，你在 Pinterest 上面的 Pin 都会变成 Rich pin。

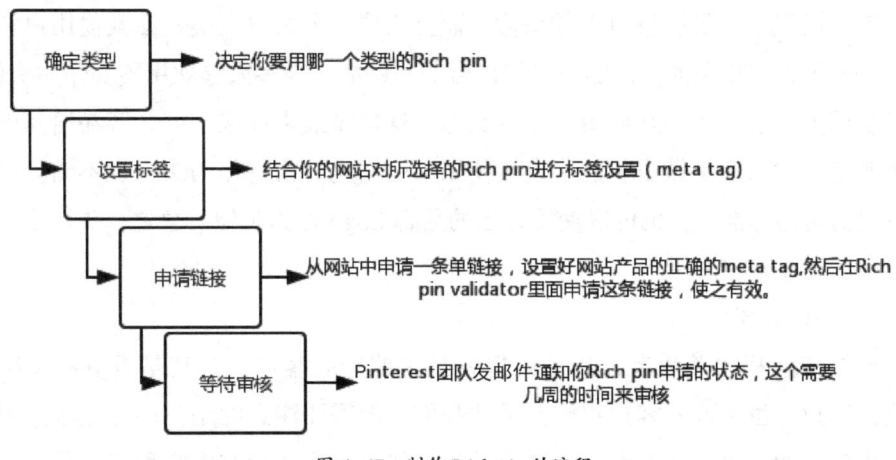

图 6-47 制作 Rich pin 的流程

4）保证 Pin 链接的相关性

提供的 Pin 链接一定要与产品有紧密的相关性，否则这个 Pin 链接将会被判定为垃圾分享。

5）合理布局关键字

不仅要注意在 Pinterest 账号的名称、简介描述中的关键字的布局，还要合理布局 board 的名称、简介、图片的描述中的关键字。甚至图片标签关键字的布局也要注意。一张图片的标签以 2～3 个为宜，数量过多容易被评判为垃圾分享。

6）保证每天更新

尽量保证每天都要对 Pin 进行更新，可以经常登录账号，包括在网页上登录、在手机上登录，以帮助账号尽快成长为老账号。

4. Pinterest 站外引流技巧

引流是指用户从 Pinterest 上发现我们的产品，然后产生兴趣，最终到达我们的店铺。当然，产生购买行为是我们最希望得到的结果。引流的第一步应该是被发现，因此，需要有更多的曝光，被更多的用户搜索发现。那么如何获得更多的曝光呢？

1）增加关注者

Pinterest 的排名机制是优先展示已经被关注的用户发布的内容，也就是 Following（关注者），因此，要想获得曝光，就要先获得更多的关注者。那么如何获得更多的关注者呢？

首先设置一个足够吸引人的头像，而且头像看上去要真实，使其他用户觉得你就是一个真实存在的人，而不像发广告的。例如，很多人喜欢用美女作为头像，于是从网上找了一个网红或者明星的头像，这样做效果往往不好，容易给其他人以欺骗感。如果你是做服装的，直接使用自己固定的模特作为头像也不错。如果你的目的是品牌推广，也可以使用自己的品牌 Logo 作为头像。总之，头像尽量要好看、真实、有相关性。

2）转化老客户

想要快速积累关注者，最佳人选就是店铺里的客户，尤其是重复购买率比较高的客户。虽然这些客户很容易关注我们，但需要注意的是，要先让账户积累一些内容，然后再通知老客户，请求关注。如果账户还没有内容积累，马上就通知老客户，客户来了看不到任何有价值的内容，则很容易流失，而适得其反。也可以通过在 Pinterest 上发放代金券、折扣信息等优惠活动形式促成老客户成为关注者。现在速卖通还不能直接生成优惠券、折扣信息的代码，但是可以生成二维码优惠券，以图片的形式展现在 Pin 上，其他优惠信息也可以做成图片形式，把 Pinterest 作为一个优惠活动的发布平台。

3）Following 其他人

我们先要关注其他人，通过关注其他人可以获得一些回报，即互粉，也就是你 Following 别人，别人很可能也 Following 你。但是这个比例相对比较低，大概只有 20%。因此，Following 其他人也不能盲目，避免做过多的无用功。

（1）很多人喜欢加大 V[①]，而实际上粉丝数非常多的人加你的概率很低。但是可以通过查看大 V 的关注者来加关注，往往关注大 V 的都是普通人。

（2）尽量选择个人用户加关注，有很多头像一看就是公司的 Logo，你加了也意义不大，就算是他也加你，这种关注也没什么太大的意义。

（3）没有头像的就不要加关注，经常玩 Pinterest 的用户一般都会给自己设置一个头像。

（4）尽量选择关注其内容与自己的发布相关的用户。

（5）可以从竞争对手关注的用户中选择再进行 Following。

（6）可以通过站内信等渠道联系自己的老客户，和他们进行相互 Following。

4）board 的优化

（1）要多建立几个 board，不要只有一个 board。不要只发布产品图片，要有

---

① 注：大 V，是指在微博、Facebook 等平台上十分活跃，又有着大群粉丝的"公众人物"。

合理的内容分布，让用户觉得你是一个"有意思"的用户，是一个实实在在的人，而不是发布内容的机器，因此，可以按内容多建立几个 board。例如，一个 board 用来发布一些有意思、搞笑的图片，一个 board 用来发布在自己生活中记录下来的真实场景，一个 board 专门用来发布新品，一个 board 专门用来展示搭配，还可以设置一个专门用来发布店铺优惠活动信息及优惠券的 board。总之，通过 board 组合来增加对关注者的吸引力。

（2）要针对搜索规则对 board 的编辑进行优化，如果能被更多地搜索到，则被关注的概率就会增加。那么如何才能被用户更容易地搜索到呢？首先，根据 Pinterest 的搜索引擎机制，在搜索时文字匹配优先，所以 board 的名字和描述一定要包含可能被搜索到的关键词。如果想要获得关注，应尽量使所发布的图片与描述一致；否则，即使被用户搜索到，也会大大降低关注概率。这个和速卖通平台的自然排名相似，如果是新账户，大词*很难有竞争力，则可以多使用一些长尾词，这样能更有效地被展现出来。

例如，如果是做女装的，就不要把重点描述词放在连衣裙之类的词上，毕竟是新账户，账户热度不够，就算可以被展现出来，也不能在前排被展示。所以，刚开始时可以使用风格特点来进行描述。如果是做品牌推广的，那么一定要将品牌词放到描述中。其次，我们可以为 board 选择一个分享较多的图片作为封面，因为分享较多的图片权重比较高，也会增加 board 被搜索到、被关注的概率。

5）优化 Pin

board 中的内容就是 Pin，也就是图片，我们同样可以对图片进行编辑，道理是一样的，主要是针对描述中的关键词进行优化，便于通过搜索引擎搜索。因为 Pinterest 的使用者大部分会使用手机浏览，输入过长的词进行搜索的概率相对较低，而作为新用户，所发布的内容在瀑布流中又很难被发现，所以针对描述进行优化就显得很重要。如果是通过 Pin 发布产品展示的，那么可以在 Pin 的描述中使用产品标题，因为 Pin 的描述可以写得足够长，所以应在描述中加入可能被搜索到的词。因为展示时不会全部显示出来，所以结合搜索权重关系，应该把重点词尽量放到前面，而且尽量考虑匹配度的问题。但是新用户的重点词最好不要使用大词。例如，如果发布的产品是连衣裙，那么作为新用

---

* 注：大词，一般指的是类目词或品类词，或带一个属性词，通常情况下可以理解为搜索指数在 30 000 以上的都算成大词。

户,最好不要把推广重点放在连衣裙这种大词上,而应尽量选择长袖连衣裙、紧身连衣裙等相对精准度较高的长尾词上。我们可以通过发布很多不同的产品图片,在每个产品的描述中尝试不同的词语组合,这样可以增加被搜索到的概率。

另外,发布产品图片时一定要注意检查所添加的链接地址是否正确,是否可以正常打开。因为链接地址是随意添加的,所以刚开始时,也可以通过转发一些热搜图来加上产品链接。需要注意的是,产品要尽量和图片有相关性,这样才能更好地获得关注;否则,即使用户搜索到你的Pin,也打开了你的产品链接,但是发现和期望相差甚远时,也是不会关注你的。

6)分享

SNS的真谛就是分享。我们进行Pinterest运营的目的也应该是通过二次传播、分享,从而产生更多的流量及更多的订单。

这里的分享主要包括两部分。一部分是我们自己的分享,就是在发布图片的同时分享到Pinterest提供的第三方平台,以及Facebook、Twitter等其他平台上。这个分享不单单指分享我们的产品,当我们在网络上发现有意思的事情时也可以进行分享。前面讲过,做Pinterest,不要只建立一个board,也不要所有board都用来发布自己的产品和广告信息。我们可以建立一个专门提供分享内容的board,刚开始进行Pinterest账号运营时,好玩的、有意思的、被大量转发分享的图片可以帮助我们积累第一批粉丝。在Pinterest上有很多人只是转发收集其他图片,也同样获得了很多关注者。

另一部分就是让关注者或者其他用户帮助我们分享,传播我们发布的内容。这也是运营SNS账号的重点之一,没有分享传播,就不能产生以点带面的效果。那么如何让关注者帮助我们传播内容呢?大部分人运营账户的套路就是:先注册一个账号,再疯狂地关注其他人,然后天天发广告,几个月过后,发现没有效果。可以试想一下,如果我们作为一个阅读者,是否愿意转发广告呢?什么样的广告是我们愿意转发的呢?我们更愿意分享的内容是什么?提出这些问题不是说运营账户不能发广告,而是要有技巧地发。Pinterest发布的广告是以图片为主的,当然也可以发视频,所以要在图片文案上下工夫。如图6-48所示,这是杜蕾斯的产品广告,在国内外很多SNS平台上被转发。为什么?因为大家看到后觉得有意思、有创意,这样在无形当中就帮助杜蕾斯建立了品牌效应。

所以说不是不能发广告，而是应该思考如何发广告。如果想让其他用户帮助我们传播，那么最重要的就是内容，无论我们如何做，都要提供给浏览者值得分享的东西。

Durex:$ 217

在金融危机时期，一个婴儿车都要花费217美元，所以还是赶快使用杜蕾斯安全套吧

图 6-48　杜蕾斯的产品广告

7）开展活动

例如，转发有奖活动等，通过奖品等让利形式让关注者主动进行广泛传播。

总之，大家根据自己的产品特性、店铺定位等因素，可以充分发挥创造力。只要把内容做好，时刻从用户角度出发，运营 Pinterest 还是相对比较简单的。

 6.5　开展社交媒体营销应规避的误区

Facebook、Twitter、Pinterest 等社交平台为企业开展营销推广拓宽了渠道，这些平台能够让企业宣传自己品牌的理念、价值，提升产品和服务的认知度及影响力。但是，在实际操作中，一些企业往往无法达到预期的营销效果，这是因为它们在社交媒体营销中走入了一些误区。

1. 缺乏完整的营销策略

如果一个公司在开展社交媒体营销时没有一个完整的营销策略，那么这个营销活动也无法向外传递有效信息，且它与消费者之间无法形成连续的、有效的沟通。因此，企业开展社交媒体营销必须要形成自己的特色，确定一个可衡量的目标，制定一个社交媒体运行的规则，规划一个定期发布信息的时间表。如果缺少这些，你会发现你在社交媒体上做的营销推广只是在盲目地发布信息并且在消耗自己的品牌价值。一个清晰有效的社交媒体营销策略的价值就在于使发布的内容吸引消费者的关注并产生黏性。

2. 在多个社交媒体上创建账号

对于社交媒体营销来说，虽然在多个平台上保持活跃很重要，但是对于刚刚起步的企业，尤其是一些小企业，拓展业务之前集中精力在一个社交媒体平台进行推广营销往往更容易操作也更容易收到效果。但是如果操之过急，在Facebook、Twitter、Pinterest、YouTube等几乎各个社交平台都创建了账号，并进行疯狂的信息轰炸，只会让自己陷入漫无目标的困境。等到账号太多导致无力管理而最终不得不放弃时，会让你感觉更加糟糕。因为频繁的创建账号对与消费者建立信任关系根本毫无益处，只会让企业显得笨拙、无序，更加无益于品牌传播。

3. 买粉

数量不能成就质量，与消费者建立信任关系是企业开展社交媒体营销的重点，而不应该只是将重点放在粉丝数量上，成千上万的粉丝需要企业花费更多的时间和精力来维护。买粉很容易引起公众的反感，一旦企业的买粉行为被企业的真实粉丝发现了，很容易导致真实粉丝逃离，甚至会对企业的信誉度造成消极影响。

4. 与粉丝没有互动

企业的积极回应将会使社交媒体上的粉丝非常高兴。因为粉丝希望他们是在和一个有感情的人在沟通，而不是一个冷冰冰的机器。企业针对一些热点积极做出回应不仅能帮助企业与消费者建立亲密的关系，还可以让企业在消费者心中留下一个亲切、智慧的印象。

5. 一味地宣传品牌，不谈其他

企业开展社交媒体营销是为了提高产品和服务的曝光率，但是如果只是一味地在社交媒体账号中宣传品牌，很容易引起粉丝的反感。因此，这就要求企业在提供产品信息的同时，还需要提供一些其他有意义的内容。

6. 发布内容的时间间隔太短

有的企业喜欢在几小时内甚至是短短几分钟内连续发布多条消息，这样很容易给粉丝造成不适。企业在社交媒体上发布内容是为了和粉丝分享，将产品和服务的相关消息传达给粉丝，而不是对粉丝进行疲劳轰炸。

如果企业总是在短时间内发布大量内容，往往会让自己的社交媒体账号形成大量垃圾信息，甚至会产生"掉粉"的情况。一些粉丝一旦对企业有了不良印象，就很难再转变了。

7. 发布的内容没有经过审核

一些企业发布的内容编写草率，经常出现错别字、语法错误、语句不通顺的现象，这些小错误会让粉丝感觉企业不可靠，更加不会对企业产生好感。因此，企业在发布内容前，一定要对准备发布的内容进行审核，避免犯低级错误给粉丝造成负面印象。

8. 使用标签不正确

在社交媒体上发布内容时正确地使用标签可以在很大程度上提高品牌的曝光率和可见度，不仅让更多的人更方便准确地找到企业发布的内容，还能让企业对内容进行强调便于人们阅读理解。

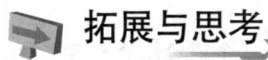

拓展与思考

如何利用SNS平台引流？

任务实施提示

对跨境电商卖家而言，站外的推广引流是产品生成订单转化的关键步骤之一。卖家要想获得订单提升，一是需要站外引流；二是需要基于产品排名和销售评价将流量转化成订单。这其中，站外引流的质量和流量的转化率是卖家面临的主要压力和挑战。

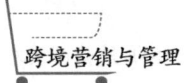组织与设计

以小组为单位，针对本小组店铺产品和用户群特点选择一个或者几个 SNS 平台进行推广引流。

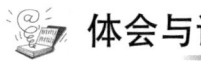体会与评价

1. 评价标准

SNS 平台推广的内容及引流的效果。

2. 评价方法

学生讨论与教师点评相结合。

3. 反思与体会

你认为本任务最有价值的内容是什么？

任务部署

按照下面任务单的要求，完成学习。

任务6　任务单

任务名称	选择 SNS 平台进行推广和引流	任务编号	6
任务说明	一、任务要求 以小组为单位，针对本小组店铺产品和用户群特点选择一个或者几个 SNS 平台进行推广引流。 二、任务实施所需的知识 ● 各主流海外社交平台。 ● SNS 营销策划的方法。		
任务内容	● 注册 SNS 账号。 ● 发布推广内容进行引流。		

续表

任务名称		选择 SNS 平台进行推广和引流	任务编号	6
任务实施		一、注册 SNS 账号所需信息		
		二、小组成员分工 说明：按照完成任务所需的范围进行职责分配，分工明确，各司其职。		
		三、信息的收集 说明：利用网络工具搜集相关信息，包括教材、网站及其他网络渠道。		
		四、调查资料的整理、分析 说明：对收集到的信息通过分析整理，选择合适的版本作为参考。		
		五、发布推广内容进行引流		

任务考核

任务考核表

任务名称：

专业班级：

第　　小组　小组成员（学号、姓名）：

任务1　考核表

考核项目		分值	自评	备注
信息收集				

续表

考核项目		分值	自评	备注
任务实施				
小计		100		
其他考核				
考核人员	分值	评分	备注	
教师			建议以积极的心态评价学生,要注意沟通方式与方法,提高学生的自信心,有利于学生成长与未来发展	
小组互评			主要从知识掌握、小组活动参与度、贡献度以及纪律遵守等方面给予中肯的评价	
总评			总评成绩 = 自评成绩 ×40%+ 指导教师评价 ×35%+ 小组评价 ×25%	

拓展案例

干货:卖家该如何利用社交媒体平台获得更多的消费者评论

社交媒体(简称社媒)的爆发式增长,无疑表明社媒营销应该成为每个企业在线营销策略中的一大板块。卖家不仅可以通过社媒平台提高销售额和建立品牌知名度,还可以借此获得更多的消费者评论。

那么该如何利用社媒账户来获得更多评论呢?

1. 在 Facebook 上设置允许评论并回复评论

在 Facebook 上设置允许评论是一个非常简单却经常被忽视的步骤。如果企业还没有建立一个 Facebook 页面,那么现在就是开始的绝佳时机。请谨记,你需要确保设置好允许粉丝和 Facebook 用户留下评论。

在设置允许评论之后,用户可以选择给你的公司评分并留下评论。这个反馈也可以显示在你的网站上,从而帮助你提高品牌公信力。另外,容易被商家忽略的Facebook粉丝专页小功能，对品牌营销及客户服务有着很重要的作用。

无论用户留下的反馈是积极的亦或是消极的，你都应该尽可能地给予回复。事实上，回复负面反馈对你的业务而言更为重要，因为这样才能让局面好转并起到安抚消费者的作用。

2. 在Google上认证你的企业

不要忘记在Google上认证你的企业，这样可以在Google上免费展示你的企业信息。同时还应允许用户对你的业务进行评级、留下反馈、上传图片和其他信息。

许多企业已经不再通过公布证明书或推出专属评论平台，而是改为展示自己的Google评论，以建立潜在顾客的信任度。

3. 将热情的消费者转变为你的宣传大使

社交媒体是寻找对你的品牌感兴趣的消费者的绝佳场所。与此同时，那些青睐于你的产品并留下热评的消费者恰好可以作为品牌的宣传大使。

通过Facebook、Instagram和其他社交平台上的私信功能，企业可以轻而易举地与这些消费者建立联系。你可以让部分消费者作为品牌的宣传大使，并鼓励他们继续在网上宣传你的品牌。

这些宣传大使的行为会鼓励其他人留下评论，并对你的品牌产生好感。另外，如果你可以为这些"大使"提供一些津贴和福利，那么这项交易会更为顺利地进行。

4. 根据反馈进行改进

客户评论相当于给了卖家一个做出改善的机会。你应该关注消费者的负面反馈情况，并利用这些信息做出相应的改变。当你做出这些改变时，你应该通过社媒账户做出声明。此举可以鼓励其他人继续留下切实的反馈信息。

5. 使评论尽可能简单

大多数人只有在遭遇负面体验（留下评论需要他们做些什么）时才会留下评论，这是有其原因的。大多数人不会特意对某些事情做出评论，除非他们对此感到不满。

卖家给予消费者的评论过程应该尽可能简单化。消费者在Facebook上可以很容易地留下评论，但如果你在另一个社交账户上共享一个评论平台，那么你需要确保消费者留下评论的过程尽可能得简单。如果他们必须注册账户才可留下长篇评论，那么他们可能会选择离开评论页面。

如果你真的希望消费者留下长篇评论，那么你可以向美国高档连锁百货店Nordstrom借鉴一些经验——凡留下反馈意见的消费者，他们就可以参与价值1000美元的礼品卡抽奖活动。礼品卡推动了消费者评价产品及详细介绍产品使用体验的积极性。

（资料来源：亚干货：卖家该如何利用社媒平台获得更多的消费者评论。[2018-10-29]. http://www.cifnews.com/article/24934）

 练习与思考

什么时间在社交媒体发布内容可以提高用户的参与度和转化率？

任务7

营销数据分析

📖 任务描述

以小组为单位,每个小组为本组的店铺运营数据进行分析。

✉ 任务要求

- 掌握数据分析的常见项目。
- 掌握行业数据分析、关键词分析和店铺数据分析的方法。

任务目标

通过本任务的学习,学生应具备对于店铺运营数据的日常分析的能力。

🎁 案 例

王某2017年在速卖通上面新开了一家店铺,主营童鞋,但是他在店铺中上传了200多个单品,店铺的曝光量和订单量还是不见增长。他每天的主要工作基本都花在产品的上传上面。为了能够增加订单量,他在直通车模块给一双断品童鞋开了直通车,一周内童鞋的曝光量日益见长,但是订单量还是为零,于是他专门去看了后台这款童鞋的数据分析,发现一个很大的问题,这款童鞋的曝光已经达到一万以上,但是转化率却是0。因此,王某的团队专门开会讨论该商品的运营思路及数据出现的问题,后来通过详情页面发现这款商品在设置时,基础的页面设置得很一般。说明大部分曝光访客进来浏览了该商品,但是并没有产生加入购物车的欲望。因此,团队在后面的工作中,进一步优化了商品的详细页面,在很多图片上面也直接加入描述说明。经过半个月左右的时间,童鞋的订单量就明显见长。

思考:

1. 速卖通店铺的数据分析有什么用?
2. 什么是曝光量?
3. 什么是转化率?

对于基础卖家,需要掌握选品、产品编辑、商品采购、货物正常发运等技能。对于进阶卖家,需要做好客服工作并开好直通车,做好店铺活动、营销店铺等重点工作。对于明星卖家、超级卖家,要整合供应链,提高库存周转率,提升议价能力,建立品牌意识,做行业 Top10 店铺……以上工作都需要以数据分析为背景知识进行调整和优化。

相关知识

7.1 行业数据分析

卖家常常需要针对自身经营的行业进行数据分析,速卖通卖家可以通过行业情报、选品专家、关键词分析等工具,提供数据支持,了解行业情况,判断行业趋势,为其经营决策提供依据。

1. 行业情报指标

行业情报指标说明如下:

(1)访客数占比。访客数占比指统计时间段内行业访客数所占的比例,即行业下品牌的访客数/品牌整体的访客数。

(2)浏览量占比。浏览量占比指统计时间段内行业浏览量占上级行业浏览量占比,一级行业占比为该行业占全网的比例。

(3)成交额占比。成交额占比指统计时间段内行业支付成功金额占上级行业支付成功金额的比例,一级行业占比为该网行业占全网的比例。

(4)成交订单数占比。成交订单数占比指统计时间段内行业支付成功订单数占上级行业支付成功订单数的比例,一级行业占比为该行业占全网的比例。

(5)在售商品数。在售商品数指统计时间段内行业下在售商品总数的均值。

(6)商品指数。商品指数指统计时间段内行业下商品数量经过数据处理后得到的对应指数。商品指数不等于商品的在售数量,商品指数越大,在售商品数量越大。

(7)流量指数。流量指数指统计时间段内行业下流量经过数据处理后得到的对应指数,流量指数不等于行业总 PV,流量指数越大,PV 越大。

(8)供需指数。供需指数指统计时间段内行业下的商品指数/流量指数,供需指数越小,竞争越小。

2. 行业对比

行业对比指跟相关行业进行数据趋势对比,可以分别从访客数占比、成交额对比、在售商品数占比、浏览量占比、成交订单数占比和供需指数等方面进行对比分析。从中可以看出,随着季节变化,平台发展品类方向变化,从而可以加强对某个行业的投入或避开一些竞争过于激烈的红海产品。

如图 7-1 所示,雪纺衫、衬衫、婚纱,三个二级类目在 2017 年 9 月 6 日到 12 日一周内的支付金额占比数据的对比。这个行业的数据对比可以选择 7 天的,也可以选择 30 天的,卖家可以自己选择相近的行业进行对比,最多可以选择三个行业进行比较。

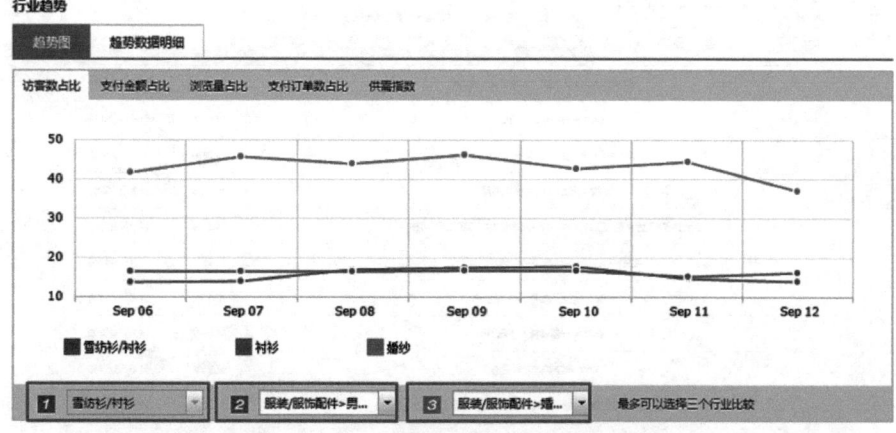

图 7-1 雪纺衫、衬衫、婚纱支付金额占比数据

如图 7-2 所示，卖家可以查看流量分析、成交转化分析、市场规模分析三个指标，还有下面的二级指标：访客数占比、浏览量占比、成交额占比、成交订单数占比、供需指数。供需指数可以反映市场的供给和需求的概况，给卖家进入这个行业以基本的行业提示，如果有些行业的供需指数比较高的话，就说明这个行业的市场已经接近于饱和了。

行业概况　蓝海行业

你现在选择的行业是 高跟鞋　　请选择时间 最近7天

行业数据

	流量分析		成交转化分析		市场规模分析
	访客数占比	浏览量占比	成交额占比	成交订单数占比	供需指数
最近7天均值	27.01%	21.34%	13.6%	12.05%	139.84%
环比周涨幅	↑ 4.81%	↑ 2.84%	↓ -3.68%	↓ -3.21%	↓ -2.35%

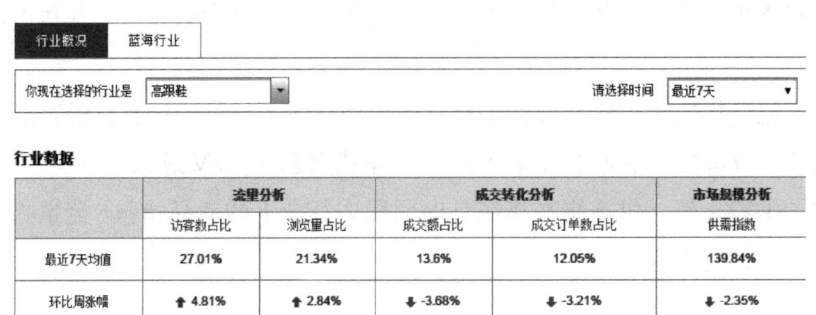

图 7-2　行业数据分析

如图 7-2 所示，可以单击“蓝海行业”，进入“蓝海行业细分”界面，如图 7-3 所示，可以查看所有行业的供需指数，不过这个数据不能作为竞争是否激烈的标准，但可作为基础的参考。蓝海行业指那些竞争不是很大，但又充满买家需求的行业。蓝海行业充满新的商机和机会。在对不同行业进行对比后，寻找蓝海行业是每个卖家的基本要求。但是蓝海行业和红海行业只是相对的，随着每年速卖通政策和卖家数量的变动，新进入的竞争者多了，曾经的蓝海行业，也会变成红海行业。

蓝海行业细分

美容健康　您可以通过筛选，查找特定行业下的蓝海行业

叶子行业名称	供需指数	操作
美甲用品及修甲工具 > 美甲艺术 > 盖油	7.73%	查看行业详情
彩妆 > 唇部彩妆 > 唇线笔	27.43%	查看行业详情
美甲用品及修甲工具 > 美甲艺术 > 水晶粉	24.21%	查看行业详情
彩妆 > 脸部彩妆 > 高光/阴影	26.58%	查看行业详情
头发护理/造型 > 造型工具 > 围巾婴儿用的请发布到婴儿理发围布下）	24.35%	查看行业详情
头发护理/造型 > 造型用品 > 编发造型用品	46.27%	查看行业详情
彩妆 > 化妆工具/附件 > 眉模具	20.56%	查看行业详情
彩妆 > 唇部彩妆 > 润唇膏	34.05%	查看行业详情
彩妆 > 脸部彩妆 > 遮瑕	83.96%	查看行业详情
头发护理/造型 > 造型工具 > 扁梳/圆梳（婴儿用的请发布到婴儿梳子下）	25.77%	查看行业详情

1 2 3 4 5 6 7　Go to Page　Go

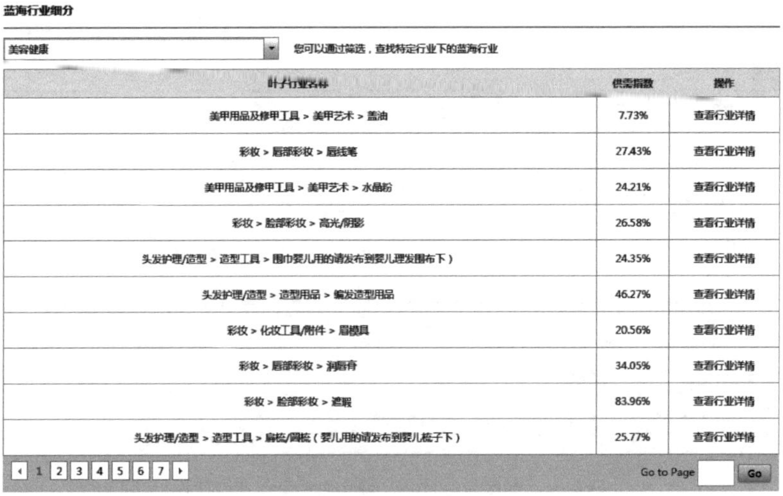

图 7-3　“蓝海行业细分”界面

7.2 关键词分析

1. 关键词分析指标

速卖通平台的完整热搜词数据库是制作产品标题的很好的工具。标题是系统在排序时对于关键词进行匹配的重要内容，专业的标题能提升卖家的可信度。

关键词的分析指标说明如下：

（1）搜索指数飙升幅度。搜索指数飙升幅度指在所选时间段内累计搜索指数比上一个时间段内累计搜索指数的增长幅度。

（2）曝光商品数。曝光商品数指在所选时间段内每天平均曝光的商品数量。

（3）曝光商品数增长幅度。曝光商品数增长幅度指在所选时间段内每天平均曝光的商品数比上一个时间段内每天平均曝光商品数的增长幅度。

（4）曝光卖家数。曝光卖家数指在所选时间段内每天平均曝光的卖家数。

（5）曝光卖家数增幅。曝光卖家数增幅指在所选时间段内每天平均曝光卖家数比上一个时间段内每天平均曝光卖家数的增长幅度。

2. 关键词分析步骤

第一步，单击"数据纵横"→"搜索词分析"，再选择自己店铺的类目，如图 7-4 所示，就可以筛选出高跟鞋的搜索词（热搜词）。

第二步，单击"下载最近 30 天原始数据"链接，卖家可以下载 Excel 格式的数据，如图 7-5 所示，表格里面依次是：搜索词、是否品牌原词、搜索人气、搜索指数、点击率、成交转化率、竞争指数、TOP3 热搜国家。卖家可以根据自己店铺的具体产品及销售情况，挑选表格中适合自己的数据，比如可以选择搜索人气、搜索指数、点击率、成交转化率，然后进行数据排序。根据排名前面的数据，挑选出有用的产品关键词。

图 7-4 店铺的类目

搜索词	是否品牌原词	搜索人气	搜索指数	点击率	成交转化率	竞争指数	TOP3热搜国家
shoes woman	N	77,096	424,367	12.51%	0.06%	26	US,CA,GB
shoes	N	67,306	295,781	13.59%	0.06%	25	RU,US,IT
women shoes	N	29,674	202,136	12.10%	0.05%	39	US,TR,GB
zapatos mujer	N	24,378	124,294	10.56%	0.03%	26	ES,CL,US
high heels	N	21,220	121,851	29.31%	0.13%	72	US,GB,CH
high heel shoes	N	12,528	96,665	27.03%	0.07%	71	RU,BY,UA
туфли женские	N	12,804	89,650	19.05%	0.04%	29	RU,BY,UA
wedding shoes	N	9,806	82,504	34.63%	0.10%	123	US,RU,CA
red bottom high heels	N	17,120	74,474	31.72%	0.32%	31	US,GB,CA
обувь женская	N	10,337	71,026	6.55%	0.01%	20	RU,BY,KZ
platform shoes	N	8,541	57,546	21.68%	0.05%	95	US,RU,ES
chaussure femme	N	11,838	56,725	8.57%	0.02%	13	FR,BE,CA
women pumps	N	8,224	56,464	27.55%	0.29%	95	BR,US,FR

图 7-5 Excel 格式的数据

第三步，如图 7-5 所示，可以筛选出排名靠前的关键词，比如图中标了颜色的，如 red bottom，platform 等，这些是后台挑选出的关键词，可以挑选适合的加入自己的产品标题。这些都是现在速卖通卖家在后台优化产品标题时比较常用的技巧与方法。

3. 如何利用关键词优化商品

在速卖通的产品发布中，作为卖家，首先要做好标题的优化，标题优化无非包含精准关键词、宽泛关键词、长尾关键词的搭配使用，以及关键词与产品的匹配度。

优质的产品标题应该包含买家最关注的产品属性，能够突出产品的卖点。

（1）产品的关键信息及销售的亮点。

（2）销售方式及提供的特色服务。

（3）买家可能搜索到的关键词一般设为：物流运费＋服务＋销售方式＋产品

材质/特点+产品名称。

（4）产品属性。属性的填写应该包括买家可能会搜索到的属性，比如一款不锈钢的纸巾盒，在填写其属性时肯定要包括：材料（Material）、颜色（Color）、类型（Type）、型号（卖家产品的型号）。详细并准确填写系统推荐和自定义产品属性，可以方便买家更精准地搜索到你的产品，提高曝光机会，更重要的是让买家清晰地了解产品的重要属性，减少买家的顾虑和沟通的成本，提升交易成功的概率。

7.3 店铺数据分析

店铺的基本数据包括：实时风暴数据、店铺流量来源分析、单品分析等。

1. 实时风暴数据

第一步，单击"数据纵横"→"实时风暴"，界面如图7-6和图7-7所示，显示店铺的实时数据，包括：商品页浏览量、商品页访客数、下单数、支付成功订单数、支付成功订单金额、买家数、曝光量、客单价、询盘人数等。

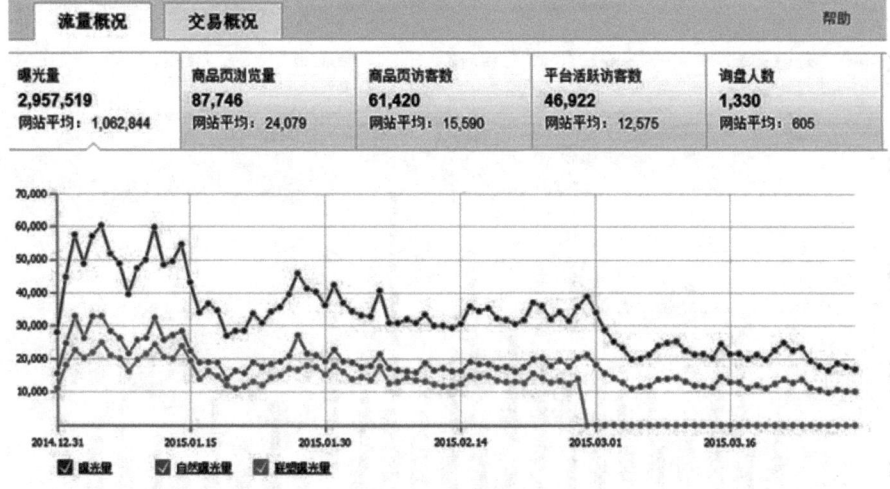

图7-6 流量概况

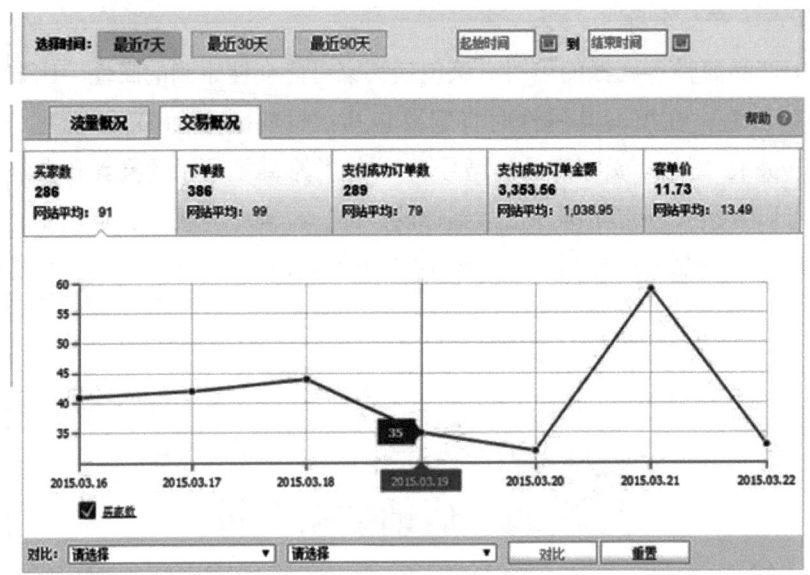

图 7-7 实时风暴

第二步，单击"数据纵横"→"实时商品"，会显示出后台这个时刻访客浏览的实时商品。可以看到每款被浏览商品的支付金额、店铺浏览量、店铺访客数、下单订单数、支付订单数、加购物车人数、加收藏夹人数等，这些数据是很重要的，卖家可以根据这些实时数据进一步优化和更新自己的产品，如图 7-8 和图 7-9 所示。

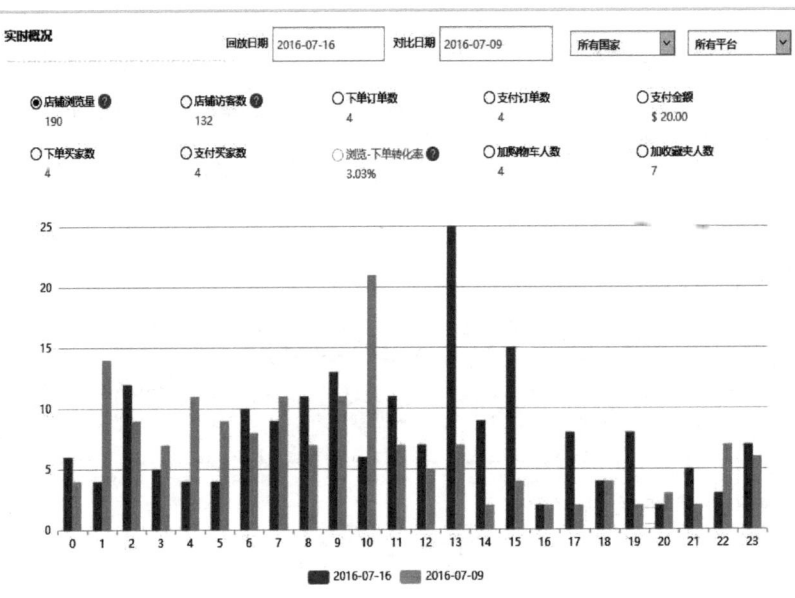

图 7-8 访客浏览的实时商品 1

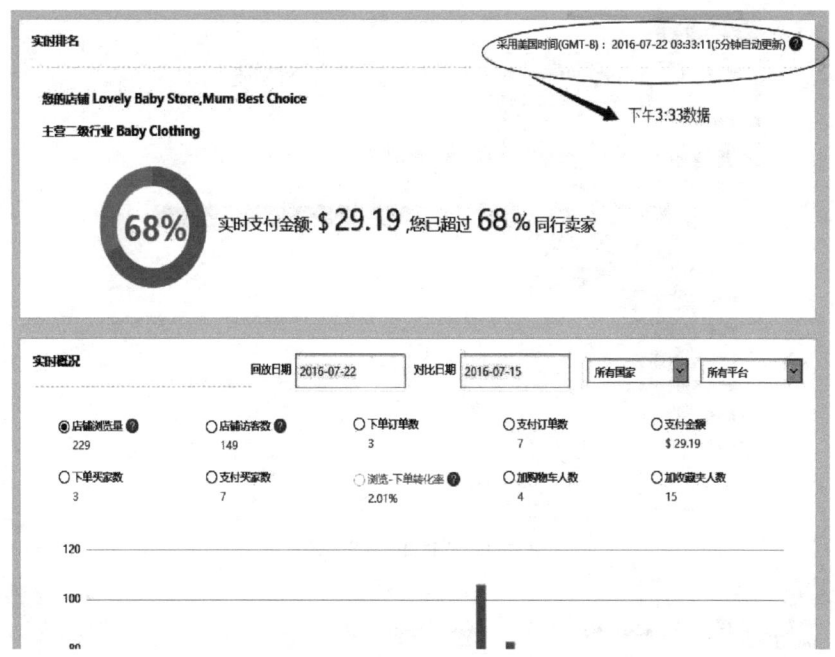

图 7-9 访客浏览的实时商品 2

2. 店铺流量来源分析

对自己店铺概况的查询是每一位卖家的必修课，特别是查询流量和转化数据，及时应对市场的变化，才能使自己处于不败之地。要进行店铺流量来源分析，可以查看店铺内的流量构成，分析不同渠道的流量占比和走势，从而帮助卖家了解及优化店铺流量来源，提升店铺流量。

1)"站内其他"和"活动"流量详情

"站内其他"流量不能简单理解为关联促销带来的流量，"站内其他"流量包括俄语站点和西班牙语站点的站内搜索、类目浏览、店铺首页访问等，如图 7-10 所示。

2)店铺的各流量来源

通常，搜索及类目流量占店铺所有流量的 60% 以上才是"健康"的店铺，由于现在没有区分各小语种分站的搜索和类目流量，大部分卖家看到来自站内其他流量的比例都很高，这是正常的，如图 7-11 所示。

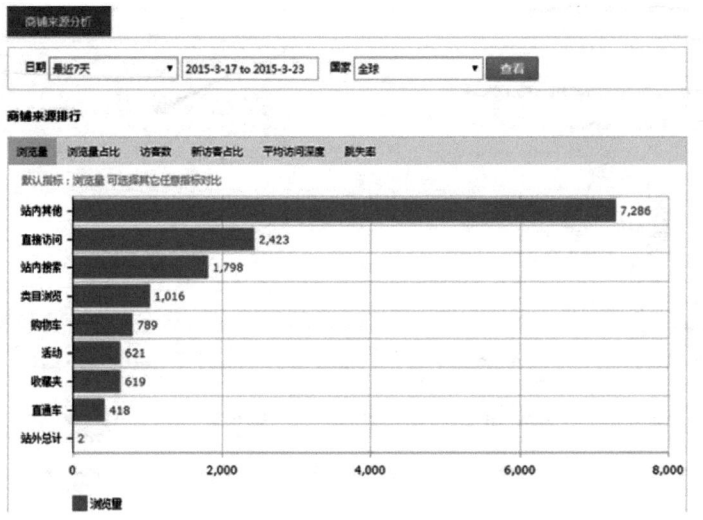

图 7-10 "站内其他"流量

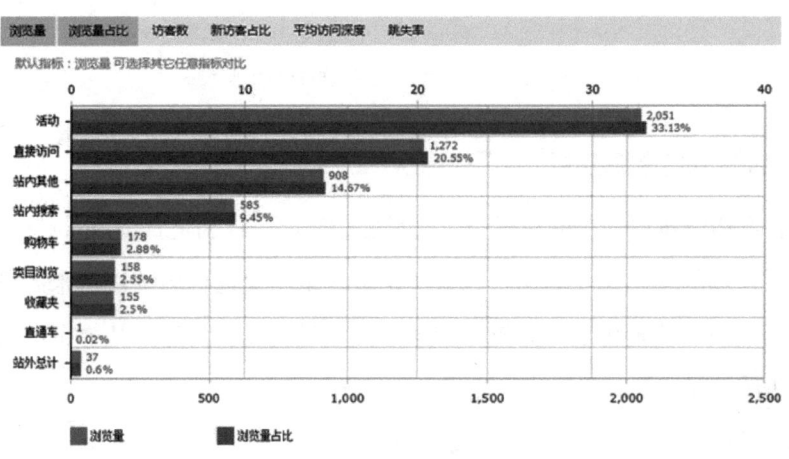

图 7-11 店铺的各流量来源

3. 单品分析

1）指标说明

自有商品分析的指标说明如下。

● 曝光量：指搜索曝光量，即商品在搜索或者类目浏览下的曝光次数。

● 浏览量：指该商品被买家浏览的次数。

● 搜索点击率：商品在搜索或者类目曝光后被点击的比例，即等于浏览量/曝光量。

● 访客数：访问该商品的买家总数。

- 成交订单数：指该商品在选定时间范围内支付成功的订单数，与选定时间范围内风控关闭＊的订单数的差值。
- 成交买家数：指选定时间范围内成功购买该商品的买家数。
- 成交金额：指该商品在选定时间范围内产生的交易额。
- 询盘次数：指买家通过该商品点击旺旺与站内信的次数。
- 成交转化率：指成功购买该商品的买家数占访问买家总数的比值，即等于成交买家数/访客数。
- 平均停留时间：指买家访问该商品所有详情页面的评价停留时间。
- 添加购物车次数：指该商品被买家添加到购物车的次数。
- 添加收藏次数：指该商品被买家收藏的次数。

2）单品分析的步骤案例

图 7-12 所示的是某店铺后台的某款单品的数据，包括站内其他 53.85%、本店 23.08%、类目浏览 15.38%、站内搜索 7.69%，有 71.43% 的人退出本店，28.57% 的人转去店铺其他的商品页。这些数据表明这款单品的详情页做得还是可以的，28.57% 的人转去店铺其他商品页说明该款商品至少做了关联营销这一模块，但没有加入购物车、订单及收藏夹的数据，说明该款商品在价格、主图方面还是有所欠缺的，卖家可以对单品进行具体的优化工作。

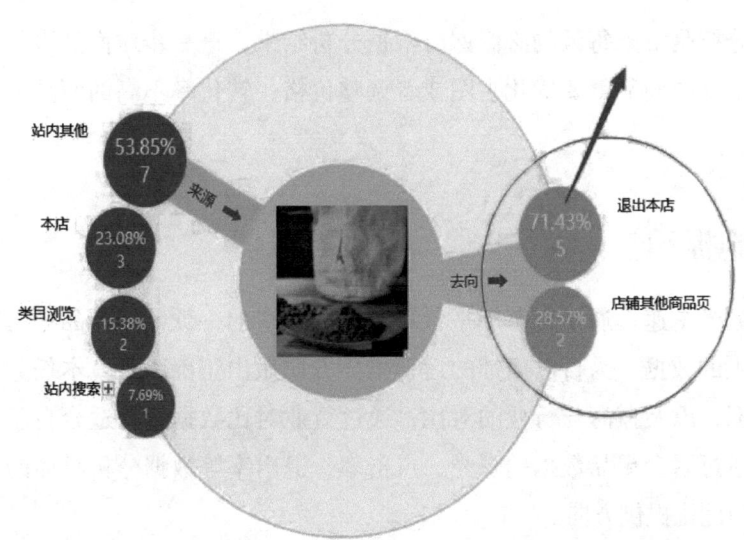

图 7-12 某店铺后台的某款单品的数据

＊ 风控关闭：指的是某些国外买家本身的信用卡原因，导致他付款的订单没有通过平台的风险控制审核，平台把订单关闭了。

如图 7-13 所示，该款商品的站内搜索 46.88%、站内其他 31.25%、类目浏览 21.88%，这三个数据还是正常的，说明商品的类目、属性描述等都是正确的，但是 100% 的人退出本店，说明这款商品的单品跳失率过高，至少存在以下三个方面的原因：价格不够吸引力，买家没有购买的意愿；没有做产品的关联营销；商品的详情页设计得太差，买家看具体的详情内容马上掉头就走。

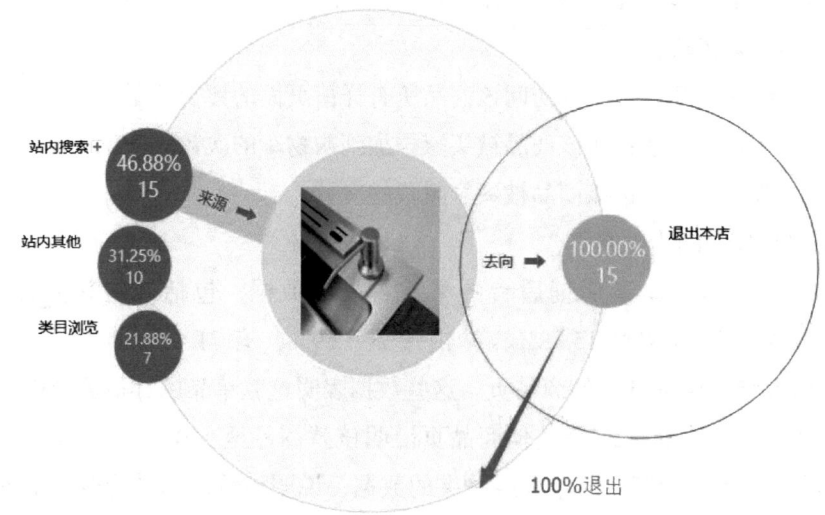

图 7-13　某店铺后台的某款单品的数据 2

数据分析是卖家每天的必修课。根据分析结果，进一步对商品进行优化，比如点击率不高的商品就要优化主图或者调整价格；转化率不高的商品就要优化商品详情页。

任务实施提示

数据纵横是速卖通平台基于平台海量数据打造的一款数据产品，卖家可以根据后台提供的数据，为自己店铺的运营指导方向做出正确决策。本任务主要分析行业的数据，以及蓝海与行业的对比，通过行业对比数据选择适合自己的类目经营，最后通过后台单品数据的曝光、点击率、退出率等数据分析具体的商品，进而给卖家的优化提供方向。

组织与设计

以小组为单位，每个小组为本组的店铺运营数据进行分析。

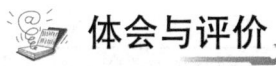
体会与评价

1. 评价标准
数据分析是否充分。

2. 评价方法
学生讨论与教师点评相结合。

3. 反思与体会
你认为本任务最有价值的内容是什么?

任务部署

按照下面任务单的要求,完成学习。

任务7 任务单

任务名称	对店铺运营数据进行分析	任务编号	7
任务说明	一、任务要求 以小组为单位,为本组的店铺运营数据进行分析,完成分析报告。 二、任务实施所需的知识 ● 数据分析的常见项目。 ● 行业数据分析、关键词分析和店铺数据分析的方法。		
任务内容	● 完成店铺运营数据分析报告。 ● 根据数据分析报告优化店铺商品。		
任务实施	一、确定数据分析所需信息 二、小组成员分工 说明:按照完成任务所需的范围进行职责分配,分工明确,各司其职。		

续表

任务名称	对店铺运营数据进行分析		任务编号	7
任务实施	三、信息的收集 说明：利用网络工具搜集相关信息，包括教材、网站及其他网络渠道。			
	四、整理完成数据分析报告 说明：对收集到的信息通过分析整理，选择合适的版本作为参考。			
	五、根据报告内容优化店铺商品			

任务考核

任务考核表

任务名称：

专业班级：

第　　小组 小组成员（学号、姓名）：

任务1　考核表

考核项目		分值	自评	备注
信息收集				
任务实施				
小计		100		

续表

考核项目	分值	自评	备注
其他考核			

考核人员	分值	评分	备注
教师			建议以积极的心态评价学生，要注意沟通方式与方法，提高学生的自信心，有利于学生成长与未来发展
小组互评			主要从知识掌握、小组活动参与度、贡献度以及纪律遵守等方面给予中肯的评价
总评			总评成绩＝自评成绩×40%+指导教师评价×35%+小组评价×25%

拓展案例

Lazada 新功能"数据分析"上线，快来了解你的店铺吧！

有留意到 Lazada 最近推出的营销助手吗？当中的推广展位、捆绑促销、店铺装修，每一项都能应用到你的运营策略之中！来到11月，我们也迎来了全新的"数据分析"功能，让你能一站式获得所有数据！

了解业务，增加销售

通过"数据分析"，可以获得不同指标查看店铺的总体表现、SKU 层面的数据，以及顾客感兴趣产品的最新资讯。

如何使用"数据分析"功能

登录卖家中心，点击"Analytics"，会看到有四大项目，每一项提供不同的运营数据。

1.My Dashboard（我的数据面板）

查看每日销售表现，包括主要指标数据、产品分类比例，以及过去30日的销售情况。

2.My Highlights（我的重要数据）

列出热销产品、滞销产品、缺货/即将缺货的热销产品，以及缺乏竞争力产品。

3.My SKUs（我的 SKUs）

细致到 SKU 层面，可以参考数据做出进一步行动，包括重设库存、降价、参

加促销、创建产品、提高产品内容质量等,以达到不同运营效果。

4.My Top Brands Categories(我的热销品牌/类目)

可以在这里得到最佳销量品牌和类目,并展示销售量、销售数量,以及页面浏览量。

由于店铺数据是每天刷新的,建议每天登录卖家中心查看"数据分析"工具,以更深入地了解店铺的表现,洞悉市场走势并诊断出业务及营运上的问题,进一步提高竞争力和产品多样性。

(资料来源:Lazada新功能"数据分析"上线,快来了解你的店铺吧![2017-11-10]。https://www.cifnews.com/article/30295)

 练习与思考

如何利用关键词优化产品标题?

任务8

客户关系管理

📔 任务描述

以小组为单位，运用客户回复模板对本组的店铺的顾客沟通。

✉ 任务要求

- 掌握跨境电商客户管理的原则。
- 掌握客户回复模板。
- 掌握解决纠纷的方法和策略。

🔍 任务目标

通过本任务的学习，应具备进行客户管理的能力。

🌸 案 例

王明新开了速卖通店铺，在遇到客户询盘沟通时总会遇到一个情况：聊着聊着，人不见了，或者给客户发送的邮件，似乎都"石沉大海"。他满腹疑问："这个客户是不是有需求的买家？""我的报价有问题？""为什么我发的邮件，他们都不回呢？""难道是我写的邮件太长了？太短了？还是我的英语水平不够好？"……每当这时，他都感觉十分沮丧。

如何进行有效的客户关系管理是所有进行跨境电商运营的企业都面临的问题。

做好客户关系管理能够帮助店铺吸引更多的回头客，降低营销成本，提升客单利润率，帮助店铺可持续运营。同时，在交易过程中，难免会产生差评和纠纷，此时就需要卖家想办法解决纠纷，减少自身损失。因此，做好客户关系管理是卖家的必修课。本任务以速卖通为例，探讨跨境电商如何进行客户关系管理。

相关知识

8.1 跨境电商客户关系管理的职能

对跨境电商客户关系管理的工作范畴有清晰的认知是处理好这一环节的出发点，无论是经营者还是管理者都应该清楚跨境电商客户关系管理需要做什么。

跨境电商客户服务的工作包括4个方面，解答客户的咨询、解答关于产品服务的问题、促进产品销售、监控管理产品运营。

1. 解答客户的咨询

从商业本质上来讲，跨境电商是零售业的分支，而具有零售行业的特点，卖家必然会面临买家提出的各种关于产品和服务的咨询，因此，客服人员要解答的客户咨询的问题。它包括两类。

1）解答关于产品的问题

从整体上来说，中国的跨境电商行业的产品有自己的特点，这主要表现在以下几个方面。

第一，产品种类繁杂，从早期的3C产品、玩具到后期卖家们集中运营的服装、配饰、家居用品、运动用品等，中国跨境电商涉及的产品品类不断丰富，国外所有常见的日常消费用品基本都涵盖在内。

第二，与国内电商中单个店铺往往只销售1～2个专业品类不同，跨境电商中的国外买家对"店铺"没有强烈的概念认知。早期国外电商平台只是松散的"产品链接"，而没有店铺的概念。因此，在跨境电商中，同一个卖家经营的产品往往会涉及多个品类、多个行业，这就使得跨境电商客服的工作变得更加复杂。

第三，国内外产品规格存在较大差异。以服装尺码来说，就会存在国内尺码、美国尺码和欧洲尺码的区分。又如，电子设备的标规问题，美国、欧洲、日本电器产品的电压与国内标规存在差异，即使是一个简单的电源插头，各国的标规也存在诸多差异，例如，从中国卖出的能适用澳大利亚的电源插座，但到了英国也许就不能适用。

因此，综合以上3个问题，跨境电商客服在解决客户关于产品的问题时也就面临着更大的困难，而不管问题多么复杂，客服人员都应该为客户提供完美的解答和可行的解决方案，这也增加了中国卖家对客服人员培训的挑战。

2）解答关于服务的问题

在服务方面，与国内电商客服不同的是，跨境电商客服经常需要处理客户对于产品运输方式、海关申报清关运输时间及产品是否符合其他国家的安全性标准等问题。另外，当产品到达国外客户手中后，客户在产品使用过程中遇到的问题只能进行远距离地沟通，这就对客服的售后服务能力提出了极高的要求。

2. 解答关于产品服务的问题

在跨境电商交易中，客户在下单之前通常很少与卖家进行沟通，这就是业内所说的"静默下单"。卖家要做的是，在产品描述页面上借助文字、图片、视频等对产品进行详细透彻地介绍，并说明能够提供的售前、售后服务。而这些内容都将成为卖家向买家做出的不可改变、不可撤销的承诺。而在国内电商交易中，大多数买家在下单前都会与客服人员进行沟通，咨询产品库存、产品可以提供折扣或赠品等问题，而在跨境电商中，买家往往采用的是静默下单，即时付款，这也就减少了卖家的工作量。但是同时也增加了售后服务的压力。

据速卖通官方统计，跨境电子商务卖家每天收到的邮件中有将近七成都是关于产品和服务的投诉。也就是说，跨境电商客服人员在日常工作中处理的最主要问题就是处理售后。而售后服务是影响买家满意度的重要方面，因此，做好售后服务非常重要。

跨境电子商务的售后服务需要做到以下几点：

首先，要及时与买家沟通。交易过程中最好多主动联系买家，买家付款以后，还存在发货、物流、收货和评价等诸多过程，卖家需要将发货及物流信息及时告知买家，提醒买家注意收货，出现问题及纠纷时也可以及时妥善处理。这些沟通，既能让买家及时掌握交易动向，也能够让买家感觉受到卖家的重视，促进双方的信任与合作，从而提高买家的购物满意度。

其次，要保证产品质量、货运质量。发货前要严把产品质量关，在上传产品时，可以根据市场变化调整产品，剔除供货不太稳定、质量无法保证的产品，从源头上控制产品质量，同时在发货前注意产品质检，尽可能地避免残次物品的寄出，优质产品质量是维系客户的前提。加强把控物流环节，在买家下单后，及时告知买家预计发货及收货时间，及时发货，主动缩短买家购物等待的时间；对数量较多、数额较大的易碎品可以将包装发货过程拍照或录像，留做纠纷处理时的证据；注意产品的规格、数量及配件要与订单上的一致，以防漏发引起纠纷；在包裹中提供产品清单，提高专业度。

再次，发货后，要及时跟踪发货动态，并不断告知买家物流状态。

最后，主动化解纠纷。纠纷是大家都不愿遇到的，但也很难避免。一方面我们要把好产品质量关，做好服务，预防纠纷，另一方面主动去化解纠纷。这里需要注意以下几点：

（1）承诺的售后服务一定要兑现。

（2）预先考虑买家的需求，主动为买家着想。

（3）当纠纷出现时，应该主动及时地与买家沟通并努力消除误会，争取给出令买家满意的结果。

（4）对不良的评价及时做出解释。如果一旦被买家打了差评，首先要客观地回复买家。如果确实是自己做得不够好，一定要虚心接受，然后改正自己服务中的缺陷。

例如，在买家投诉收到部分货物（即发货数量与订购数量不符）后，卖家应及时联系买家并询问具体收到的数量，并提出补发或赔偿等解决措施。

3. 促进产品销售

在传统贸易中，产品销售通常被认为是销售人员的工作范畴。但是在跨境电商中，如果客服人员能够充分发挥主动性，主动促成订单交易，将为企业带来巨大的销量。以阿里巴巴跨境电商平台为例，其在成立之初的定位是"面向欧美市场的小批发网站"。但随着业务不断发展，逐渐成长为一个完善的跨境电商 B2C 零售平台，订单以面向欧美、俄罗斯、巴西等国的零售型产品为主。

但是，仍然有不少国外买家习惯在跨境电商平台上寻找种类多样、质优价廉的中国产品，也就是说，现在的跨境电商交易中小额的国外批发采购客户占有不小的比例。

这些买家的购物模式通常是先挑选几个中国卖家的店铺采购小额的样品，待确认样品的质量、款式及卖家服务水平之后，这些买家会尝试订购单笔大额订单，随后逐渐与中国卖家发展为稳定的"采购批发供应"关系。而这些买家与中国卖家的接触往往是通过客服进行的。因此，优秀的客服人员需要具备营销意识和技巧，能够将零散买家中的潜在批发买家发展为实际的、稳定的长期客户。这就是客服人员的促进产品销售的职能。

举例来说，如果客户将产品加入 Wish list，或者加入购物车却没有付款，或者拍下订单却没有支付。建议客户服务人员及时与这些客户进行沟通，可以进一步强调产品的卖点以强化客户的信息，并且同时提醒该产品是 "most popular"，随时可能 "out of storage"。建议他们及时付款，我们会尽快发货。通过这样的方式，将本来可能流失的订单及时兑现，促进产品的销售。

另外，客户在前期销售和数据分析的基础上，可以识别出有潜力做大订单的卖家，可以针对性地对这些买家进行后期维护，向他们推荐优质商品和促销活动，使这些买家能够持续下单。

因此，一个称职的客户关系管理人员，不应该局限于处理客户的咨询和投诉，还需要具备销售意识和技巧，这也就是客服的产品促销职能。

4. 监控管理产品运营

现在处于一个数据时代，客户关系管理操作是和数据分析分不开的，数据分析可以指导我们以后的工作方向。不论处于什么样的类目中，我们的最终目的还是产品销售，维护客户的最终目的是希望客户能够产生品牌依赖，然后挣钱。

因此，我们应该首先弄明白一件事情，我们的产品是什么，结合市场调研，剥离出产品的本质。比如我是卖衣服的，那么我的买家是男是女？他们一般多久买一次？他们的消费能力一般是多少？他们除了购买我们家的还会购买其他家的吗？他们会介绍他们的小伙伴来买我们的衣服吗？

通过数据，可以看一下我们筛选的不同客户对于不同级别活动的反应。在下一次我们开展活动时，根据之前的响应、大致的客单价、想要达到的效果，以及前后营销活动的紧密程度制订每次的营销方案。

另外，由于跨境电商具有跨国交易、订单零碎的特点，因此，在产品开发、采购、包装、仓储、物流、海关清关等环节容易出现混乱的情况。尤其由于环节众多，如果出现问题后企业和团队无法确认责任到位，更容易导致问题进一步恶化。如果企业和团队中存在的问题长期无法被发现并得到有效的解决，它将会随时给团队带来损失。因此，对于一个企业和团队来说，必须建立一套完整的问题发现和解决机制，以便在出现问题之后及时有效地进行处理。

在跨境电商中，客服适合充当发现问题的角色。客服人员不一定要直接参与到团队的管理当中，他们作为能够直接接触到广大客户的人，直接聆听客户提出的问题，是团队最先发现所有问题的接触点。

因此，跨境电商团队中的客服人员必须发挥监控管理产品运营的职能，定期将客户提出的问题进行分类总结，并及时向销售、采购、仓储、物流等各个环节的主要负责人反馈，为这些部门决策者进行岗位调整和工作流程优化提供第一手重要参考依据。

 **做好客户关系管理的技巧**

做好客户关系管理工作是提升买家购物体验，提高转化率，促进客户二次购买的有效途径。这需要卖家掌握技巧提高买家满意度，并能有效地进行二次营销。

1. 提高买家满意度

买家满意度是指买家通过对一个产品的可感知效果与他的期望值相比较，所形成的愉悦或失望的感觉状态。较高的买家满意度将会为店铺带来更多的重复购买，吸引买家更快下单，同时还能间接提高产品的排序，增加产品的曝光度，帮助卖家享受更好的资源，如更多的橱窗推荐位、动态图数量等。

在交易过程中，影响买家满意度的重要因素主要有商品质量、物流速度、物流服务、交易沟通、售后服务等。因此，卖家可考虑从以下几个角度着手提升买家满意度，改善交易过程中的购物体验。

1）产品信息描述尽量详细、完整

通常来说，买家希望从详细描述中了解的产品信息包括多个方面，需要做好两个方面的工作：一是标题内容要详细，尽可能包含售后服务、质量保证等信息，可以将产品的信用保证、产品材质及特点、产品名称、免邮等信息填写在标题中；二是产品详细描述要完整，要尽量包括产品的功能、参数、品类、使用方法等重要内容,售后服务、质量保证、承诺、注意事项等内容也应尽可能表述得详细完整。一个户外体育用品的详情页面,如图 8-1 所示。

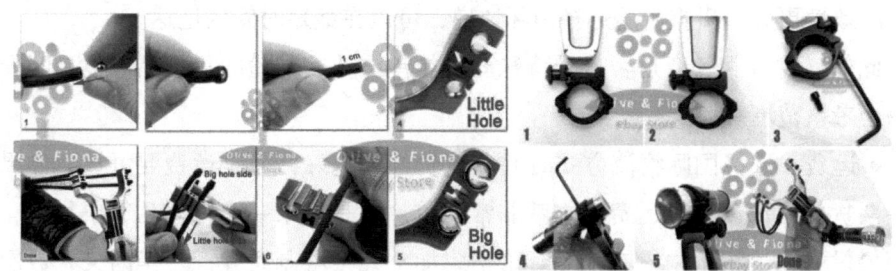

图 8-1 一个户外体育用品的详情页面

2)快速及时地回复询盘

回复询盘时要礼貌、简洁、清晰,直截了当,切勿啰唆。

3)与买家保持良好沟通

交易中买卖双方的沟通是非常有必要的,特别是,如果买家对卖家的某件产品有兴趣时,就会多问一些问题以便更清楚地了解产品。卖家在遇到买家咨询时应积极回应,同时留意是否是因为产品描述没有说清楚等原因才造成买家对产品有疑问,并随后修改编辑产品页面。如果在与买家的沟通中出现误会或争执,卖家需要冷静地寻找原因。一般来说,误会或争执可能是因为产品描述有歧义、多人操作店铺账号但没有对客户要求及时备案等细节造成的。而卖家与买家进行耐心沟通后,多数情况下可以消除误会并增进买家对产品的了解。

4)为买家提供优质的物流体验

物流体验包括发货速度、物流运送时间、货物完整与否、送货员的服务态度等重要内容。为买家提供优质的物流体验,卖家可以从以下 3 个方面入手。

(1)选择合适的物流。不同的国际快递的服务重点会有所区别,且不同国家和地区的买家对物流的要求也会不同。例如,印度的买家通常对运输时间要求不高,所以他们对能否准时送达要求相对也比较低;中国香港的买家时间观念就很强。因此，卖家要结合买家的特点、买家所处的国家、地区的人文习惯选择适当的物流公司和适合的物流方式，最好是与买家沟通，一起确定物流公司和联系方式，并且在发货后及时告知买家。

具体来说，卖家在选择物流方式时，要参考以下几项考核标准。

• 产品的四配度。根据产品的重量（即产品的质量，重量是物流行业的通俗用法）、性质选择物流方式。价值低、重量轻的产品适合选择国际小包，收费廉价，但有2千克限重；重量超过2千克的产品适合选择国际专线或者快递，安全性、时效性更好；贵重产品选择国际快递，可以在最短时间内运达。

此外，物流服务商是否接受特殊产品如锂电池、带粉的化妆品等也是匹配度的一个考量范围。

• 运费。选择国际物流方式时并非运费越低越好，而是运费要可控。如果只有一票货件，那么计算运费成本就非常简单，但是如果一个月有几千票货件，物流商提供的物流报价中含有十几套价格附加十几条限制条款，一年内又有数次价格变动，这种情况下计算最终物流成本就比较困难，因此，物流商能否提供合理、透明、稳定的报价对于卖家来说非常重要。

此外，卖家还要考虑物流商是否会在运费之外收取其他隐性费用，是否有燃油附加费等。为了便于考察，可以让物流商将各种收费项目、计费方式明确地列举出来，必要时可以列入合同明细。

• 运送时效。在物流时效符合买卖双方的预期，并且成本可控的情况下，物流时效越稳定越好，这样能够为买家提供良好的购物体验。卖家可以在淡季的时候多尝试几家物流商，通过走货测试线路质量，为旺季做准备；在旺季的时候，选择物流方式时要考虑物流商的承运能力，查看其以往对爆仓问题的应对方法和相应的理赔机制。

• 物流配送。安全、稳妥的配送可以避免产生不必要的售后问题和损失。卖家在考评物流商时要对全环节操作的专业度进行详细的了解：国内集货要看其仓储分拨的失误率；要看其通关、清关优势，是直发还是多层转包；目的国要看其落地配送质量、尾程的可控性。

• 配套服务。配套服务是成本和时效之外必须要考虑的一个重要因素。拥有专业、稳定团队的物流商还能够帮助卖家在拓展海外市场或是入驻电商平台时提供有效经验，让卖家少走弯路，因此，各种服务的细节决定了这家物流商是否值得依赖。

（2）发货及时。买家都希望能尽快收到自己购买的物品。因此，当买家付款后卖家最好能在最短的时间内发货。发货后要及时登记物流单号，并第一时间联系买家，告知对方物流运送情况。

（3）做好物流跟踪。做好物流跟踪，并及时与买家联系确认货物的送达及反馈。

5）做好售后服务，及时处理纠纷

商品销售后，要做好售后服务，并及时处理纠纷。

2. 做好客户资料的管理

（1）把客户资料按照属性分类，分类出不同类型的客户，如优质客户、劣质客户、可持续发展客户、潜在大客户等。做好客户分类是做好客户关系管理的前提。

（2）不同客户设置不同的跟踪策略。

例如，有的客户要做好日常关怀，生日、到店纪念日、节日关怀、订单关怀、店铺日常会员活动等，可以根据店铺总的营销方向来确定。有的客户可以给他定向发放优惠券，有的客户可以推荐店铺活动，或者推荐关联产品销售，或者有的客户可以适当减少日常关怀，配合活动做营销。

销售工作的展开是从客户跟踪开始的，而客户跟踪开始于客户资料整理，不同的客户要设置不同的跟踪策略，便于客户关系管理工作的展开。

（3）建立客户跟踪反馈机制。这里建议选择使用适当的客户关系管理工具，大部分的客户关系管理工具都具备反馈机制，可以在一定程度上督促做好客户关系管理的工作。

8.3 做好二次销售

不论是亚马逊、eBay，还是速卖通，在大卖家们的交易额中，老买家都会占据一半甚至更多的关键部分。要想让老客户保持稳定增长的交易额，并成长为大买家，做好老买家的服务，做好二次营销是非常关键的。

1. 寻找重点客户

一次简单的交易从买家下单到买家确认并给予好评后就结束了，但一个优秀的卖家仍有很多事情可以做。卖家通过对买家交易数据的整理，可以识别出那些有潜力持续交易的买家和有机会做大的买家，更有针对性地维系他们并推荐优质产品，从而使这些老买家持续稳定地下单。寻找重点客户可以从以下两个方面出发。

1）分析客户评价

卖家可以通过分析客户购物之后的商品评价来判断客户的性格。例如，有的客户对商品的评价比较严格，会详细阐释产品的质量、包装、物流等情况，这类客户通常对产品的要求比较严格。其次，还可以从买家的文字风格判断买家的性格脾气。例如，买家使用的语言文字简洁精炼，则可判断其可能是雷厉风行，不喜欢拖泥带水的性格。

如果卖家能够摸清买家的性格脾气，则可以调整自己的沟通方式，这样更利于双方沟通的顺利进行。

2）分析客户购买记录

很多有经验的卖家，都会利用Excel对买家订单进行归类整理，根据每个买家的购买金额、采购周期长短、评价情况、买家所处国家（地区）等维度来寻找重点买家。

对买家进行分类管理，既能帮助卖家抓住重点买家，也能减少卖家维系买家的成本。有一些成功的大卖家会在与买家联系的过程中，主动了解买家的背景、喜好和购买产品线，从中识别出具有购买潜力的大买家，为后期获取大订单打下基础。

2. 注意沟通时间点

由于时差的缘故，在国内日常工作时（北京时间8：00～17 00），而此时很多国家可能是买家休息的时间。这意味着卖家应该学会在晚上的时间联系国外买家，此时他们在线的可能性最大，沟通效果更好。当然，即使国外买家不在线，卖家也可以通过留言联系买家。

3. 利用工具主动联系老客户

有了良好的重点买家识别之后，卖家要做的就是把重点买家的购买力更好地把握住。卖家可以通过Facebook、旺旺、站内信、留言等方式主动联系重点买家。

 **8.4 询盘沟通技巧**

在与买家沟通的过程中,卖家一定要做到回复及时、专业,且要保持礼貌的态度,回复内容力求简洁、清晰,这样才能为买家提供优质的购物体验,进而提高转化率。

1. 对每一个买家的提问都要积极回复

如果卖家出售的是单品售价高或者产品功能复杂的商品,如 3C 类产品,可能会收到不少询问;如果卖家商品描述不够详细,毫无疑问也会收到买家的进一步咨询。在买家的询问过程中肯定会有不少有价值的询盘,但是同时也有更多的无效的询盘。在这种情况下,很容易让客服人员产生懈怠,对大量的询盘草草应付。因为某些买家的咨询也会让客服人员怀疑他们根本就没看产品描述,或者根本没有购买意向。

但是,尽管如此,还是建议卖家要回答所有客户的提问,这样才会提高卖家商品的成交可能性。因为一个客户在某件产品上花费的时间越多,那他就越倾向于购买这件产品。客服不但要对每一个买家的提问都积极回复,还要吸引他们在这件产品上多花时间,这将会大大提高成交的概率。

2. 买家购买高峰期保持在线

售前沟通的主要内容包括买家对产品信息、物流信息、退换货政策等方面的询问,建议卖家在买家购买的高峰期保持旺旺在线,以便及时对买家的询盘进行回复。

由于时差的关系,买家的购买潜伏期一般是 15:00～22:00,此时买家会浏览相关产品,会询问一些产品的相关信息,买家购买的高峰期是在 0:00～5:00,买家的询盘也会集中在这个时段。根据速卖通平台的调查表明,当买家询问 30 分钟内回复买家询盘,订单成交率将提升很多。

3. 注意回复内容的细节

回复买家时以下细节值得注意。

1）客户名字正确

客户名字一定要写正确，这是最基本的一点，也是最容易被忽视的。很多卖家将客户的名字拼写错误，自己却未发觉，但是客户一眼就能看出来。

2）称呼适当

可以使用 Dear XX 来统称，但是如果已经和客户比较熟悉，可以使用 Hi、Hello 这样的打招呼方式，更显得亲密。

与面对面的沟通不同，在网络上客服的沟通礼仪更强调书面语言的礼仪规范性，而对于跨境沟通来讲，掌握国际化礼仪则显得尤为重要。

例如，在对客户的称呼问题上，不管是客人首次发邮件或询盘还是后续的行为，客户称呼客服"Dear A"，那么客服的回复也当对应为"Dear B"。若回复客户"Hi，A"，就会让人感到不顺畅。以此类推，如客户在邮件中以"Hi，A"作为邮件开头，那么客服的回复也当对应为"Hi，B"。

而在接到初次光临买家的咨询时，客服回答的第一句应该是："Thank you for your interest in our item."，或者"Thank you for your inquiry."若对方是之前光顾过的买家，再次光临时，客服的回应可以为："Nice to see you again! Is there anything I can do for you？"这样的回答，给买家一种亲切感，客服的服务态度影响着买家购物的心情。

3）问候恰当

在日常频繁的邮件来往中，可以不必使用问候语。偶然与某个客户沟通，可以用上，如"How are you doing?""How are you today?""I wish you are doing well."等。

4）内容简要，重点突出

回复的内容最重要的是要言简意赅，语言简洁明了，切忌长篇大论。用最简单易懂的语言将意思表达清楚即可。

在网络沟通中，英文表达的简洁明了尤为重要，专业、明了的表达往往能够达到事半功倍的效果，而含糊业余的表达则会减弱客户的信任。例如：

Hello I have received your message.Yes you can make the payment now.You can pay by credit card.You can also pay by VISA or Master.You can also pay by Money books.Western union is also ok.

这段文字语言不够简练，过于啰唆，给客户不专业、不讲效率的感觉，不仅浪费客户时间而且削弱文字的专业度。如改成如下内容：

Thank you for the message.You can make the payments with escow（VISA，MasterCard，Money books or Western union）.

这段话表达了同样的意思，用很清楚而且简明的语言，不但用字减少很多，而且给客户一种专业的感觉。

此外，要尽量避免长篇幅到底，要合理分段、分层。同时要将最重要的信息放在正文的最前面，以让客户最开始就能看到。

5）态度不卑不亢，清楚表达意见

虽然卖家始终要将客户放在第一位，但是过分的谦卑会使卖家失去主动权，特别是在一些问题的谈判中，更会处于被动地位。不要让客户有高高在上的感觉，更不能让客户感觉我们在求他下单。做买卖，双方是平等的，卖家需要客户，客户同样需要好的卖家，没有卖家的支持，他们也很难买到自己想要的产品。

和客户交流时，要清楚地表达自己的想法和建议。比如，产品的价格只能低到这里，不能再变了，如果现在下单的话，可以赠送小礼品等。

买家："Will the price be cheaper？"

客服："Sorry，we don't have any discounts for this item.But if you make the order now, we can send you an additional gift to show our appreciation."

另外，碰到自己不了解的询问时，可以直言不讳地告诉客户：我会把这个问题记下来，搞清楚后再回答你。千万不要不懂装懂，也不要含糊不清地回答。更不要说些废话避开客户的问题，回答客户的问题时也要注意，不要做绝对回答，如：我们的质量绝对没问题，我们的服务绝对一流等。不要把自己的语言绝对化，给自己留一些余地。

8.5 询盘沟通模板

用英文与客户沟通最重要的是要做到三点：一是清楚，即用词肯定准确，内容主旨清晰；二是简洁，用简短的语句做清楚的表达，尽量避免使用过于复杂的词汇；三是礼貌，英文书写要有一定的礼貌用语。以下提供一些常用的写作案例，卖家们可灵活运用。

1. 售前沟通模板

售前沟通主要是为客户解答关于产品信息（如价格、数量、库存、规格型号、用途）、运费、运输等方面的问题，促使客户尽快下单。

1）买家光顾店铺查看产品

Hello, my dear friend.Thank you for visiting our store, you can find what you want from our store. If we don't have the item, please tell us and we will spare no effort to find it.Good luck.

译文：你好，我亲爱的朋友。感谢光临我的商店，你可以从我的商店找到所需要的产品。如果没有你需要的，你可以告诉我们，我们可以帮你找，请放心购买任何商品！非常感谢。

2）买家询问商品价格和库存

Dear X,

Thank you for your inquiry.Yes, we have this item in stock. How many do you want? Right now, we only have X color and X style left.Because they are hot selling items, the product has a high risk of selling out soon. Can you please place your order as soon as possible.Thank you!

译文：亲爱的X，谢谢您的咨询，您现在浏览的商品有货，您要多少件？现在我们只有X款和X颜色。因为这款产品非常畅销，请您尽快下单，谢谢！

3）大量订购询问价格

Dear friend,

Thanks for your inquiry .We cherish this chance to do business with you very much. The order of a single sample product costs X USD with shipping fees included. If you order X pieces in one order, we can offer you the bulk price of XUSD/price with free shipping. I look forward to your early reply!

译文：亲爱的朋友，感谢您的询问，我们很希望与您做生意。一个样品的运费需要X美元，如果您一次订X件产品，我们可以为您提供批发价格X美元/件，并且包含邮费。期待着您的答复。谢谢。

4）鼓励买家提高订单金额和订单数量，提醒买家尽快确认订单

Dear friends,

Thank you for your order, if you confirm the order as soon as possible, I will send some gifts. A good news: Recently there are a lot of activities in our store.If the value of goods you buy count to a certain amount, we will give you a satisfied discount.

译文：亲爱的朋友，谢谢您的惠顾，如果您尽快确认订单，我们将会赠送一份礼物。我们店铺最近有很多活动，如果您购买的货物价值达到一定数量，我们会给您一个满意的折扣。

5）客户砍价

在交易过程中，经常遇到买家砍价的情形。沟通过程中，首先要感谢客户对产品有意向，然后欣然接受并且给予理由。如果不能接受，要表示歉意并且说明理由。同时，面对这样的潜在客户，要认真细致分析，促成交易达成，可以提供促成交易达成的一些附加条件。

Dear friends,

Thank you for your interests in our item. I am sorry but we can't offer you that low price you asked for.We feel that the price listed is reasonable and has been carefully calculated and leaves me limited profit already.

However, we'd like to offer you some discounts on bulk purchases. If your order is more than 10000 pieces, we will give you a discount of 5% off.

Please let me know for any further questions.

译文：亲爱的朋友，谢谢您的惠顾。但是非常遗憾，我们无法按照您要求的价格给您供货。主要是由于我们的价格已经非常低，仅保留了非常微薄的利润。但是如果您是大宗购买，我们仍愿意给您提供折扣。1000件以上的订单，会有5%的折扣。如果有任何问题，欢迎垂询。

6）下单但未付款追踪

Dear Friend,

We have got your order of X. But it seems that the order is still unpaid. If there's anything I can help with the price, size, please feel free to contact me. This item is the most popular item in our store, and it can be out of storage anytime. After the payment is confirmed, I will process the order and ship it out as soon as possible. Thanks! Best Regards!

译文：亲爱的朋友，我们已收到你的订单 X，但订单似乎未付款。如果在价格和尺寸上有什么能帮助的，请随时与我联系。您选购的货物是我们店铺最畅销的商品，随时可能售罄。付款完成，我将立即发货。谢谢！

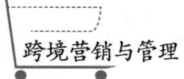

7）货物断货

Dear friend,

We are very sorry that item you ordered is out of stock at the moment. I will contact the factory to see when it will be available again. I would like to recommend some other items of similar styles. Hope you like them too. You can click on the following link to check them out XX.If there's anything I can help with, please feel free to contact us. Thanks! Best Regards!

译文：亲爱的朋友，真是对不起，您订购的产品目前缺货，我会与工厂联系确认什么时候能补上，并将随时告知你。以下链接提供的产品也很不错，您可以看看。有什么我可以帮忙的，请随时与我们联系。谢谢！

提示：附上同类产品的链接。

2. 售中沟通模板

售中沟通主要是发货确认、物流问题，告知客户产品的物流信息，以让客户掌握产品动向。

1）客户下单后发确认单

Dear buyer,

Your payment for item X has been confirmed.We will ship your order out within X business days as promised. After doing so, we will send you an e-mail notifying you of the tracking number.If you have any other questions, please feel free to tell me know. Thanks!

Best Regards.

译文：亲爱的顾客，您的订单编号为 X 的款项已收到，我们将在承诺的 X 天内发货，发货后，我们将告知您货运单号。如果您有任何问题请随时联系我。谢谢。

提示：请填上您的订单号和发货天数。

2）已发货并告知买家

Dear X

Thank you for shopping with us.

We have shipped out your order on Feb.10th by EMS. The tracking number is X.It will take 5-10 workdays to reach your destination, but please check the tracking information for updated information. Thank you for your patience!

If you have any further questions, please feel free to contact me.

Best Regards.

译文：亲爱的X，感谢您在我们店铺购物。我们已经将您的订单（ID：XXX）于2月10日由EMS打包发货了，运单号是X。包裹将需要5～10个工作日到达您的目的地，请检查跟踪物流信息的更新。谢谢您的耐心等待！

如果你有任何进一步的问题，请随时联系我。致以最亲切的问候。

3）订单发货

Dear friend,

The item X you ordered has already been shipped out and the tracking number is X. The shipping status is as follows：XXXX.You will get it soon.

Thanks for your support! Best Regards!

译文：亲爱的朋友，订单号为X的货物已经发货，发货单号是X，运输方式是XXXX，订单状态是XXXX。您将会很快收到货物，感谢您的支持和理解。

提示：请填写订单号、发货单号、运输方式和发货日期。

4）通知买家查看物流情况

The goods you need had been sent to you. It is on the way now.Please pay attention to the delivery and sign as soon as possible. If you have any questions, please feel free to contact me.

译文：您所购买的商品已经发货了，现在在路上。请注意尽快收货并签收，如果您有任何问题，请随时联系我们。

5）海关问题

Dear friends,

We received notice of logistics company, now your customs for large parcel periodically inspected strictly, in order to make the goods sent to you safety, we suggest that the delay in shipment, wish you a consent to agree. Please let us know as soon as possible. Thanks.

译文：亲爱的朋友，我们接到物流公司的通知，现在贵国的海关对大量邮包进行定期的严格检查，为了使货物安全地送达到贵处，我们建议延迟几天发货，希望征得您的同意。希望尽快得到您的回复。

6）订单超重导致无法使用小包免邮的回复

Dear X,

Unfortunately, free shipping for this item unavailable. I am sorry for the confusion.Free Shipping is only for packages weighing less than 2kg, which can be shipped via China Post Air Mail. However, the item you would like to purchase weighs more than 2kg.You can either choose another express carrier, such as UPS or DHL（which will include shipping fees, but which are also much faster）.You can place the orders separately, making sure each order weighs less than 2kg, to take advantage of free shipping.

If you have any further questions, please feel free to contact me.

译文：亲爱的 X，非常遗憾，您的这笔订单是不可以免费送货的。只有重量小于 2kg 的包裹才可以包邮，通过中国邮政航空邮件发运。然而，您购买的这笔订单的重量超过 2kg，您可以选择另一个物流公司，如 UPS 或 DHL（其中包括运输费，但这也很快）。您可以把订单分开，确保每个订单的重量小于 2kg，就可以包邮了。

如果您有任何进一步的问题，请随时联系我。

7）因为物流风险，卖家无法向买家所在国家发货

Dear X,

Thank you for your inquiry. I am sorry to inform you that our store is not able to provide shipping service to your country. However, if you plan to ship your orders to other countries, please let me know. Hopefully we can accommodate future orders.

I appreciate for your understanding!

译文：亲爱的 X，谢谢您的询问。我很抱歉地通知您，我们的店铺不能够为您所在地区提供运输服务。但是，如果您计划将您的订单发送到其他国家，可以联系我们，希望我们能为您服务。

8）物流遇到问题

Dear X,

Thank you for your inquiry, I am happy to contact you.

We would like to confirm that we sent the package on 16 Jan.2019. However, we were informed package did not arrive due to shipping problems with the delivery company.We have re- sent your order by EMS, the new tracking number is：XXX.

It usually takes 7 days to arrive to your destination.We are very sorry for the inconvenience.Thank you for your patience.

If you have any further questions, please feel free to contact me.

译文：亲爱的 X，谢谢您的询问，我很高兴与您联系。

我们在 2019 年 1 月 16 日寄的包裹，由于运输问题并没有到达。我们已通过 EMS 重新发送您的包裹，新的运单号码是 XXX。到达您的目的地通常需要 7 天的时间。我们很抱歉给您带来不便，谢谢您的耐心。如果您有任何其他的问题，请随时联系我。

3. 售后沟通模板

售后沟通主要是客户收到产品之后的一系列问题，包括退换货、买家确认收货及买卖双方互评。

1）退换货问题

Dear friend,

I'm sorry for the inconvenience. If you are not satisfied with the products, you can return the goods back to us.When we receive the goods, we will give you a replacement or give you a full refund .We hope to do business with you for a long time.We will give you a big discount in your next order.

Best regards!

译文：亲爱的朋友，很抱歉给您带来了不便。如果对产品不满意，您可以把它退回。当我们收到的货物后我们将为您更换或者全额退款。我们希望能和您达成交易。当您下次购买时，我们将给您最大的折扣。

2）询问是否收到货

Dear friend,

According to the status shown on EMS website, your order has been received by you. If you have got the items, please confirm it on aliexpress.com. If not, please let me know. Thanks! Best Regards.

译文：亲爱的朋友，EMS 网站显示您已收到货物。如果您已收到货物请到速卖通确认，如果有问题请告知我。谢谢！

提示：可根据您货物的实际情况进行更改。

3）客户确认收货

Dear buyer,

I am very happy that you have received the order. Thanks for your support. I hope that you are satisfied with the items and look forward to doing more business with you in future.

By the way, it would be highly appreciated if you could leave us a positive feedback, which will be a great encouragement for us. If there's anything I can help with, don't hesitate to tell me.

Thanks!

译文：亲爱的顾客，我很高兴地看到您已收到货，感谢您的支持。希望您满意，并期待着将来与您做更多的生意。如果您可以给我们一个积极的反馈，我们会非常感激，因为这对我们来说是一个很大的鼓励。如果有什么我可以帮助的，请不要犹豫告诉我。

4）客户收货后投诉产品有损坏

Dear friend,

I am very sorry to hear about that. Since I did carefully check the order and the package to make sure everything was in good condition before shipping it out, I suppose that the damage might have happened during the transportation.But I'm still very sorry for the inconvenience this has brought you. I guarantee that I will give you more discounts to make this up next time you buy from us. Thanks for your understanding. Best Regards.

译文：亲爱的朋友，很抱歉听到发给您的货物有残损，我在发货时再三确定了包装没有问题才给您发货的。残损可能发生在运输过程中，但我仍旧为带给您的不便深表歉意。当您下次从我这购买时，我将会给您更多的折扣。感谢您的谅解。

提示：请根据投诉的实际情况进行更改。

5）提醒买家给自己好评

Dear friend,

Thanks for your continuous support to our store, and we are striving to improve ourselves in terms of service, quality, sourcing, etc. It would be highly appreciated if you could leave us a positive feedback, which will be a great encouragement for us. If there's anything I can help with, don't hesitate to tell me. Best Regards.

译文：亲爱的朋友，感谢您继续支持我们，我们正在改善我们的服务、质量、采购等。如果您可以给我们一个积极的评价，我们将会非常感激，因为这对我们来说是一个莫大的鼓励。如果有什么我们可以帮助您的，不要犹豫，请告诉我们。

8.6 处理客户纠纷

在交易过程中，卖家应该尽量避免纠纷的产生。买家提起的纠纷主要有两大类："未收到货"和"货物与约定不符"，针对这两大类纠纷卖家可以分别采取相应的措施来处理。

1. 未收到货

要有效避免因"未收到货"而引起的纠纷，卖家要做好选择最优物流方式和与买家有效沟通两个方面的工作。

1）选择最优物流方式

国际物流往往存在很多不确定因素，如海关问题、关税问题、配送转运等。在整个物流运输过程中，这些复杂的情况很难控制，不可避免地会出现包裹清关延误、配送超时甚至包裹丢失等情况。如果长时间收不到货物或长时间无法查到物流信息将会导致买家提起纠纷。

没有跟踪信息的快递方式是无法为卖家提供全面的物流保障的，若买家提起"未收到货"的纠纷，而货物信息无法跟踪会对卖家的举证造成不利影响。因此，卖家在选择物流方式时，应该结合不同地区、不同快递公司的清关能力及包裹运输期限，选择物流信息更新及时、运输时效性更佳的快递方式。

考虑到实际情况，卖家如需找货代公司帮助发货，应该选择正规、能同时提供发货与退货保障的货代公司，最大程度上保证自己的利益不受损害。

总的来说，选择快递方式时应该权衡交易中的风险与成本，尽可能选择可提供实时查询货物追踪信息的快递公司。

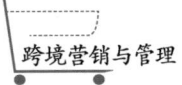

2）与买家有效沟通

卖家要及时向买家提供物流跟踪信息，一旦物流方面出现问题一定要积极主动地与买家进行沟通，向买家说明具体情况，并且通过退款或者重新发货等措施来处理问题。下面是两个沟通模板。

Dear XXX,

We sincerely regret that you haven't received your parcel yet. We can confirm that we sent your order on January 10, 2019. However, we were informed by the shipping company that the package has been delayed due to problems on their end. We can arrange reshipment or a full refund to you. Please let us know what is your preferred option and we'll resolve this matter as quickly as possible. We apologize for the inconvenience. Your understanding is greatly appreciated.

Best Regards.

译文：亲爱的顾客，对于您仍然没有收到包裹，我们感到由衷的歉意。我们已经在2019年1月10日发货，但是我们刚刚得到物流公司的通知，由于船公司的原因包裹被延误。我们可以重新为您安排发货或者给您全额退款。请告知我们您的选择，我们会尽快来解决这一问题。对于给您造成的不便深表歉意，非常感谢您的谅解。

Dear XXX,

We would like to confirm that we sent your order on January 10, 2019. However, we were informed the package has not yet arrived due to shipping delays at the shipping company. According to our agreement, we have re-sent your order by EMS, with a new tracking number of: XXX. It typically takes 7-10 business days to arrive to your destination. We apologize for the inconvenience and thank you for your patience.

Best Regards.

译文：亲爱的顾客，我们已经在2019年1月10日发货，但是我们刚刚得到物流公司的通知，由于物流的原因包裹被延误。我们已经通过EMS重新为您安排了发货，新的运单号是XXX。通常需要7～10个工作日送达您处。对于给您造成的不便深表歉意，非常感谢您的耐心。真诚祝愿。

2. 货物与约定不符

避免因货物与约定不符产生纠纷，卖家需要做好4个方面的工作：真实全面地描述产品、保证产品质量、杜绝假货、做好沟通。

1）真实全面地描述产品

在编辑产品信息时，务必基于事实，全面而细致地描述产品。例如，电子类产品需将产品功能及使用方法给予全面说明，避免买家收到货后因无法合理使用而提起纠纷；又如服饰、鞋类产品建议提供尺码表，以便买家选择，避免买家收到货后因尺寸不合适而引起纠纷等。

此外，产品描述中对于产品的瑕疵和缺陷也不应有所隐瞒。

建议在产品描述中注明自己的货运方式、可送达地区、预期所需的运输时间。此外，卖家还应该在产品描述中向买家解释海关清关缴税、产品退回责任和承担方等问题。

买家是根据产品的描述而产生购买行为的，买家知道得越多，其预期也会越接近实物，因此，真实全面的描述是避免产生纠纷的关键。

2）保证产品质量

在发货前，卖家要对产品进行充分的检测，包括产品的外观是否完好，产品的功能是否正常，产品是否存在短装，产品邮寄时的包装是否抗压、抗摔及适合长途运输等。如果发现产品存在质量问题应及时联系厂家或上游供应商进行更换，避免因退换货产生纠纷，因为在外贸交易中出现退换货物的情况会产生极高的运输成本。

3）杜绝假货

全球速卖通非常重视保护第三方知识产权，并为平台会员提供安全的交易场所，非法使用他人的知识产权是违法及违反速卖通政策的。

若买家提起纠纷投诉卖家"销售假货"，而卖家无法提供产品的授权证明，卖家将会被速卖通平台直接裁定为卖家全责，卖家在遭受经济损失的同时也将受到平台相关规则的处罚。因此，卖家不要在速卖通平台上销售涉及第三方知识产权且无法提供授权证明的产品。

4）做好沟通

当买家因为产品质量问题开启纠纷，此时卖家要积极与买家协商解决问题，要双方达成一致。

例如，当买家收到货物，发现质量有问题，发来的信息如下：

Hello, seller, I have received the goods you send to me, but I found that it is with a bad quality.

回复模板如下：

Dear XXX,

I am very sorry to hear about that since I did carefully check the order and the package to make sure everything was in good condition before shipping it out, I suppose that the damage might have happened during the transportation. But I'm still very sorry for the inconvenience this has brought you. I guarantee that I will give you more discount to make this up next time you buy from us. Thanks for your understanding.

表明质量不是由我方造成的，而是由于物流不当造成的质量问题，以便能得到客户的原谅，但是最好能够允诺下次的购物优惠，让客户能更好地接受。

Dear friend,

We are sorry for the quality problem and would pay more attention to the product quality check in the future.

We will accept your requirement and please kindly return the goods to the following address：XXX.

However, some friends will accept the second plan that we send you a new one with 90% discount and you cancel the dispute without paying for the highly returning shipping fee. Hope you consider it. We apologize for the inconvenience and thank you for your patience.

Best Regards

对商品质量问题表示歉意。同意对方退货，或者以90%的折扣重新给客户发货，并且对给客户造成的不便表达歉意。

Dear XXX,

The photos were received with thanks. Sorry that we failed to check out the problem and we would pay more attention to this part.

Anyway, we will refund you $3 for compensating or may you just accept this time and we would like to provide bigger discount for your next order?

Sorry again for the rouble. Please feel free to let us have your comment.

Thanks!

Best Regards.

非常抱歉商品存在的质量问题，以后我们会在这方面进一步加强。我们可以返还您3美元作为补偿或者在您下次购买给更大的折扣。再次抱歉，如果有任何建议请告知我们。

任务实施提示

只有进行完善的客户关系管理才能更好地制订营销策略,提升销量。同时,掌握各个环节避免纠纷的主要策略与步骤也是提升客户服务的重要方法。

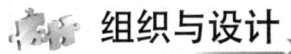组织与设计

以小组为单位对店铺询盘进行答复。

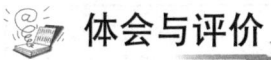体会与评价

1. 评价标准

选择的模板是否合适。

2. 评价方法

学生讨论与教师点评相结合。

3. 反思与体会

你认为本任务最有价值的内容是什么?

任务部署

按照下面的任务单的要求,完成学习。

任务8 任务单

任务名称	对店铺询盘进行回复	任务编号	8
任务说明	一、任务要求 以小组为单位,对店铺询盘进行回复。 二、任务实施所需的知识 ● 各个环节避免纠纷的主要策略与步骤。 ● 商务信函的写作模板。		
任务内容	● 选择恰当的跨境电商平台。 ● 完成在该平台的店铺注册。		

续表

任务名称		对店铺询盘进行回复	任务编号	8
任务实施	一、确定客户管理所需信息			
	二、小组成员分工 说明：按照完成任务所需的范围进行职责分配，分工明确，各司其职。			
	三、信息的收集 说明：利用网络工具搜集相关信息，包括教材、网站及其他网络渠道。			
	四、调查资料的整理、分析 说明：对收集到的信息通过分析整理，选择合适的版本作为参考。			
	五、对本店铺的客户询盘进行回复			

任务考核

任务考核表

任务名称：

专业班级：

第　小组　小组成员（学号、姓名）：

任务8　考核表

考核项目		分值	自评	备注
信息收集				

续表

考核项目		分值	自评	备注
任务实施				
小计		100		
其他考核				
考核人员	分值	评分	备注	
教师			建议以积极的心态评价学生，要注意沟通方式与方法，提高学生的自信心，有利于学生成长与未来发展	
小组互评			主要从知识掌握、小组活动参与度、贡献度以及纪律遵守等方面给予中肯的评价	
总评			总评成绩＝自评成绩×40%+指导教师评价×35%+小组评价×25%	

拓展案例

教你通过速卖通小 B 客户的营销与管理，直接晋升大卖！

站内引流、站外推广、爆款打造固然重要，但是流量来了，顾客来了，我们如何做到将这些流量/客户再次转化也很重要。而这些其实不需要花钱做营销，仅仅利用速卖通站内资源就可以做到。

1. 如何挖掘小 B（small business）客户

（1）每天查看订单管理，查看客人备注，是否有 dropshipper 订单，主动了解下客人每天的订单需求，还有发货方式，申报金额是否有特殊需求等，如图 8-2 所示。

（2）在小小的询盘中也可挖掘大大的需求，大客户都是一点一点挖掘出来的，所以每一封询盘都要认真对待，如图 8-3 所示。

图 8-2 查看客户信息

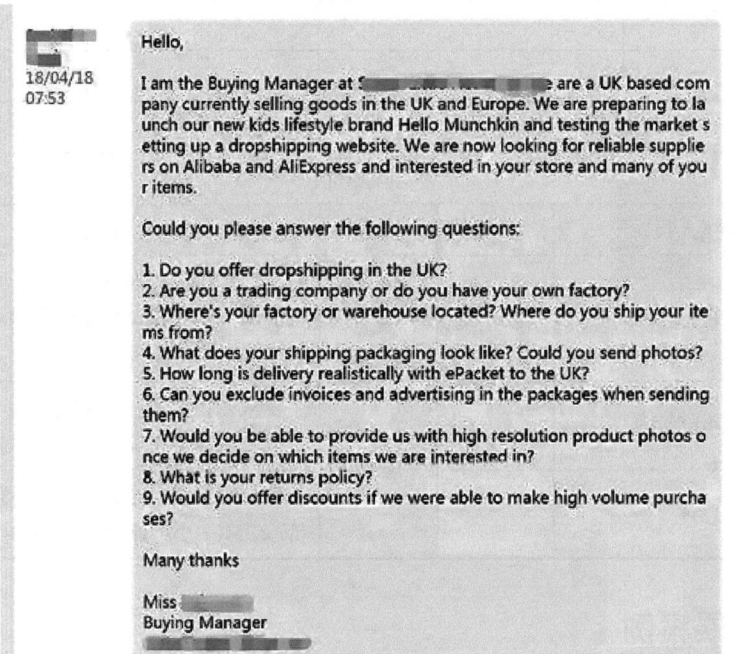

图 8-3 询盘示例

2. dropshipper 客户订单的注意事项

（1）包裹中不能含有店铺信息及促销信息，因为 dropshipper 相当于中介，他们还有终端顾客，这个细节如果被忽略，可能会失去大客户。

（2）发货方式要遵从客人的选择，以免因为物流问题导致客户体验感不好而不持续下单。

（3）产品申报金额要征求客户的意见。

（4）出了任何售后问题都要主动提供解决方案，学会牺牲小利留住大顾客。

3. 如何挖掘小 B 客户的潜在需求

（1）查看购买记录，挖掘潜在需求，询问顾客是否还有需求，主动给客人报价，引导下单，如图 8-4 所示。

任务 8　客户关系管理

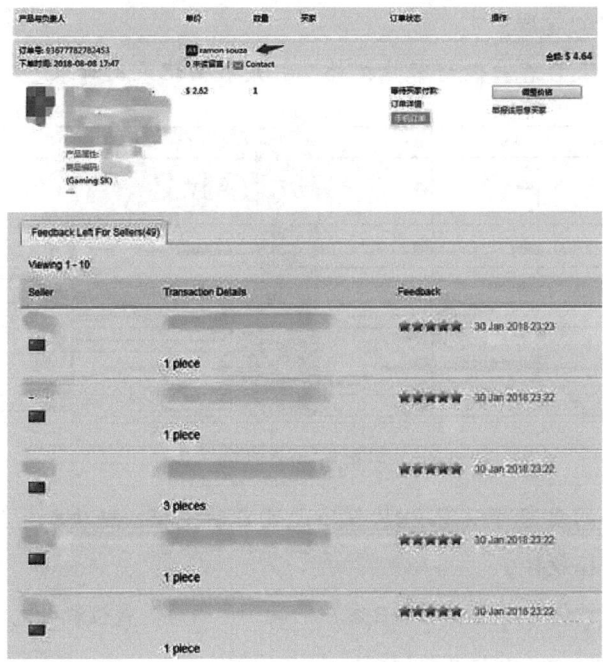

图 8-4　挖掘潜在需求

（2）每天睡前利用 Whatsapp/Wechat 工具与顾客聊一聊，总能找到他／她想要的，如图 8-5 所示。

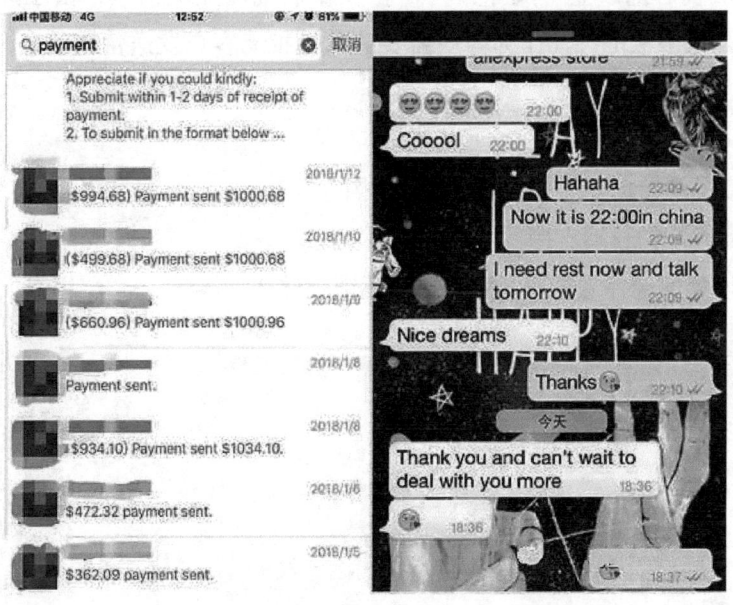

图 8-5　聊天

4. 小 B 客户的管理

（1）每天为小 B 客户做好客户文档，并用表格记录及时跟进，如图 8-6 所示。

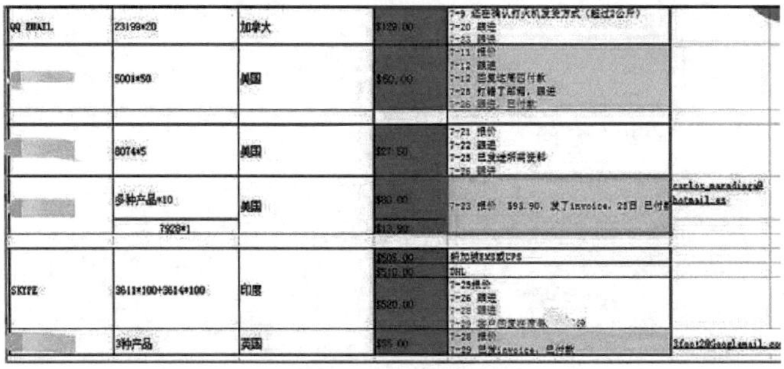

图 8-6　客户文档

（2）有条件的卖家可以用 ERP 程序设置自动提醒，这块就不举例了，可以根据自己喜好去选择软件。

（资料来源：教你通过速卖通小 B 客户的营销与管理，直接晋升大卖！[2018-08-10]。https：//www.cifnews.com/article/30782）。

练习与思考

为了庆祝店铺成立一周年，公司正在做店铺满立减活动，由于速卖通内部营销邮件是有限额的，你作为客服需要选择一批老客户发送营销信息，具体内容包括：

- 公司开展满 100 元减 20 元的活动。
- 新款的夏装已经上架，希望客户关注。
- 感谢客户的长期支持。

你应该如何选择老客户？如何撰写营销邮件？